被沉默、勇敢面對、活出真我
自諮商師的溫暖提醒

麗華 —— 著

女性的自衛和心理復原

從自我保護到心靈解放

U0075339

「我們應該積極面對生活，我們是被上帝選中的人」
女性需要勇敢守護自己，勇敢地大聲說「不」
不被他人定義自己，驕傲地活出精采人生

目錄

目錄

前言　我們是被上帝選中的人

對於受到性暴力傷害的女性而言，如何走出困惑並獲得新生，我認為最重要的是要換一種角度思考人生的意義和使命。認知心理療法認為，一件事情的意義，取決於你如何看待它。對於已經發生的創傷，當你覺得它是傷害的時候，它帶來的就是痛苦；當你學著接納和超越它的時候，你就可以獲得解脫並得到更多的收穫。

人生就像玩撲克牌，你不能選擇發給妳的是什麼牌，但怎麼打好這副牌卻掌握在自己的手中。面對曾經的傷害，一味地自怨自艾沒有什麼意義。只有放下抱怨，坦然面對，才能超越它們，讓它們成為自己的精神財富，這樣會更有價值。當有一天，你可以微笑面對它的時候，你會感謝所有的遭遇和經歷。

有一種說法，「造物者為了讓一些人能夠承擔更多的責任，於是給了他們更多的磨難。」當人們不了解這種說法時，就會感到非常的痛苦，難以承受；而當他們發現這些痛苦和磨難存在著特別的人生意義的時候，一切不僅會釋然，甚至很感恩生命中這一特殊的經歷。明白了這個道理，你就會看淡生活中所發生的不幸遭遇。因此，如果你的生命中經

歷了很多磨難，或者正在經歷一些磨難，那麼不要悲傷和退縮，而是告訴自己：這是老天在芸芸眾生中，來選擇我成為與眾不同的人，讓我們承擔更多的責任，甚至成就自己特別的人生意義。

在人生的舞臺上，我們每個人都承擔著不同的角色。因為角色不同，承擔的責任也有所不同，那些承擔更大責任的人，都是經歷過別人所不能承受的挫折和磨難的人。他們就像戰場上的勇士，在屢敗屢戰後變得堅強無比。有了能力和力量的他們，將會在社會中承擔更大的責任，擁有別人難以企及的成功和更大的人生意義。因此，對於曾經遭受性暴力的人來說，如果他們能認知到，也許他們都是經過上帝精心挑選出來的人，是為了造就他們，讓他們承擔更多的社會責任，那麼他們也許就能夠超越這些痛苦，尋找到他們的人生意義和價值。

從事多年心理諮商工作的我，在工作和生活中接觸了很多遭遇性侵的女性。這些人當中，既有素昧平生的求助者，也有我的朋友、親人和同事。聽著她們痛徹心扉的傾訴，我能感同身受。

年幼的我，也曾經有過類似的痛苦經歷。因為我遭受性騷擾時的年紀太小，所以，帶給我很大的精神傷害：青春年少時，我不敢和他人交往；戀愛的時候，我不敢向自己喜歡的男孩表白；結婚之後，由於婚前我主動告訴了丈夫我幼年

的經歷，雖然婚前他承諾好好愛我，但婚後傳統的處女情結和貞操觀還是讓他無法接受，因此經常對我家暴。我曾經是那麼愛他，也想過為了家的完整而忍受下去。可是，隨著他對我家暴的升級，我最終無法忍受他對我身體的折磨和精神的摧殘，終於選擇了放手。於是，我們的婚姻走向解體。

　　剛離婚那段時間，我感到一種解脫，但同時也非常痛苦。畢竟那是我的初戀。我曾經那麼愛他，也對婚姻充滿了渴望和信心，但最終我們卻以離婚而結束這段感情。在兩年的時間裡，我每天以淚洗面，無法去觸碰和回憶曾經的一切。於是，我將全部的精力用於照顧孩子、看書、學習、拚命地工作，同時，我咬緊牙關告誡自己：雖然經過不幸，但我一定會過得越來越好，我要做自己命運的主人！

　　2000 年，我去美國夏威夷學習。我的視野變得開闊，人也變得更加包容和接納。我開始理解前夫，並接納離婚的事實。2001 年，我開始接觸心理學，並考取了國家二級心理諮商師和高階婚姻家庭指導師。此後，透過不斷地學習和自我成長，我終於成功地療癒了自己。當我走出過去的陰影時，我不但拯救了自己，還用自己的親身經歷和感受，在各中小學、技工院校、大學以及婦女團體、青少年輔導機構等機構，以心理諮商志願者和心理專家的身分，幫助與我有類似經歷的人。

前言　我們是被上帝選中的人

　　沒有什麼事情是絕對的，因為任何事物都具有兩面性，一面是好的，一面是壞的。因此，當妳懷著積極的心態去對待，壞的一面就會被好的一面覆蓋，讓妳成為最好的自己。隨著接觸大量的諮商案例，我不僅更加懂得性教育的意義，也更加了解這些受到性侵害的人，並因此成為擅長性暴力和性教育的心理諮商師。

　　在諮商過程中，我以心理諮商師的身分來幫助她們時，也能很好地覺察自己。遇到有跟我有同樣經歷的求助者時，最初我也產生一些不良情緒。但隨著諮商個案的增加和專業知識的增長，我能很好地區別是我自己過去傷害的反應，還是求助者的經歷帶給我的反應。正是這種「同病相憐」的覺察，讓我成功地幫助了有類似經歷的女性。

　　來我這裡的求助者，大多數都能得到較好的治療，並擁有了屬於自己的美滿愛情。最值得一提的是，透過心理療癒，她們不再抱怨命運對自己的不公平，而是以積極的心態開始接納和愛惜自己，不但重新獲得快樂，生活也變得充滿生機、豐富多彩起來。而在此之前，她們常常因過於在乎別人的觀點和感受，而忽視自己的需要和願望，從而丟失了自己的快樂！

　　當她們開始接納和愛自己的時候，就勇於發出自己的聲音，告訴別人自己需要什麼；當她們開始接納自己過去那段

痛苦經歷的時候，就接納了一個完整的自己。於是，她們的生活因為心態的變好也發生了變化，每一天都過得很充實；當她們學會愛惜自己、懂得做自己生命的主人時，她們學會了選擇，將每一天過得充實而有意義，她們因此更加愛惜家庭和孩子，人生也因此而綻放光彩！

我告訴她們，要感恩生命中的一切，即使有挫折和不幸，也是上天賜給我們的最好的禮物和財富，接納它才能成為一個完整的人。愛自己，既要愛自己成熟時的美麗，也要愛自己的不完美。

「災禍孕育智慧，苦難磨練人品。」上天在賜予我們智慧同時，會伴隨著等量的磨難。只有在磨難中，我們的智慧才能夠煥發出璀璨奪目的光彩。

上帝讓我們承受了一定的痛苦，是為了給予我們更大的責任和擔當。因為只有與眾不同的苦難和經歷，才能造就我們與別人不一樣的人生。當我們從生活中的陰暗面走出來時，我們才會珍惜普照在身上的陽光，並且無私地幫助他人，這會讓我們的人生更豐富、更有意義！

人生如蚌，蚌病生珠。一個人經歷多少磨難和痛苦，就會得到等量的成功。比如，擁有自閉症兒子的母親，創辦一所自閉症孩子的幼兒園，因為她更懂得照顧和幫助自閉症孩子。

前言　我們是被上帝選中的人

我們要懂得生活給予的痛苦和悲傷，是有著某種特殊的生命意義的。當你明白了這些，就會將痛苦和傷害化為特殊使命，鼓舞著自己去打拚、去前進！人生正因為自己有著不一樣的痛苦和經歷，才造就不一樣的你。當你以自己獨有的經歷去感悟人生甚至幫助他人時，會讓你有限的生命綻放出無限的光彩！

多年來，我身為中小學生、家長、老師講解性心理健康、性暴力療癒、婚姻指導等很多課程。在幫助別人的同時，我也實現了自我昇華和蛻變，並成為這一領域的佼佼者。而這一切，都得益於我幼年的經歷和困惑。可以這樣說，性暴力曾經傷害了我，但最終又成就了我。

請相信，你往昔經歷的一切，無論多苦多痛，都是為了讓你學會自癒和成長，最終讓你成為最好的自己，成為獨一無二的你！

曾麗華

2017 年 9 月

第一章

自主安全：女性需要勇敢守護自己

　　女性面對性騷擾，不能沉默，因為沉默，顯得更加軟弱；因為沉默，性騷擾者更加有恃無恐。這樣妳會害了自己，助長壞人氣焰，他們還會得寸進尺，對妳變本加厲，給妳造成身心的傷害，以致後悔莫及。所以，妳要明白，不管在什麼時候，妳的安全都需要自己來負責。

　　實際上，只要女性透過提高自我保護意識，及時採取措施，性騷擾是可以及時防止的。這需要我們多了解性暴力防治知識，越早知道這些知識越讓妳受益。

第一節
勇敢說「不」，面對騷擾

　　隨著社會的進步，現代女性參加社會活動的機會越來越多，影響也越來越大。然而，由於兩性的社會地位和角色不同，女性始終處於劣勢。一些善於偽裝的色魔，想盡一切辦法接近女性，輕則對女性進行言語、肢體的騷擾，重者猥褻，甚至侵犯女性的身體，帶給女性身心的重大傷害。

　　對於大部分女性來說，在面對性騷擾時，她們常常出於各種無法言說的顧慮，不敢反抗，默默地選擇隱忍，殊不知，妳的隱忍不但不會讓對方停止侵犯的黑手，反而會讓他

們覺得妳懦弱好欺負，對妳的侵犯變本加厲。所以，此時最
正確的作法，是想出各種方法，對這種行為勇敢地說「不」。

一般來說，在心理學上，性騷擾主要分為以下六種類型：

1. 補償型性騷擾

所謂補償型性騷擾，主要是由於性壓抑導致的性衝動，
才讓他們對女性做出非禮的舉動。他們騷擾的目的僅僅是想
在女性這裡占一點便宜，或者發洩性壓力。大多數性騷擾者
都屬於這種類型。

2. 遊戲型性騷擾

這類性騷擾的人，大多是性經驗豐富的人，他們視女性
為玩物，不尊重女人，才懷著遊戲心態來非禮女人的。其騷
擾的目的既是為了獵奇，也是為了證明自己的性魅力。

3. 權力型性騷擾

權力型性騷擾主要發生在職場上，是一些人品惡劣的上
司所為，他們大多受過高等教育，有閱歷，所以，其表現會
比一般遊戲者更要「高階」。因為存在利益關係，他們把女性
視為「消費品」，甚至認為對方也喜歡這樣。

某女科長離婚後，經常被其上司在兩人單獨相處時，被
拉進辦公室裡強行撫摸胸部和被迫接吻。雖然她內心很反

感，但擔心說出來後被別人非議，而且他人也不一定相信自己說的。畢竟上司是公司的一把手，所以她只好自己默默承受著，不敢因此得罪，就盡力避免單獨和他相處。

4. 攻擊型性騷擾

此類男人帶著一種報復心理。他們有過和女人不愉快的經歷，導致他們對所有的女人都懷恨在心，在行為中就具有蓄意傷害或攻擊性，主要是為了平衡自己的情緒，甚至會做出出格的事情。

某男初戀時，由於女友遭遇其他男性的性騷擾，為了保護女友，他因過失殺人導致判刑入獄。女友曾經信誓旦旦承諾等他出來。誰知他出獄後，卻發現女友已經成為他人的妻子。之後，有人給他介紹對象。雖然不是很喜歡對方，但他還是答應了，卻在幾次約會後，性侵了新的女友。他說就是因為前女友的傷害，所以他要報復女性。

5. 露陰等騷擾

如窺淫癖、露陰癖等。這些行為帶給女性不舒服的感覺，我認為有騷擾的層面。

某女讀國中時一次騎腳踏車回家途中，一個男子總低頭看他下體，她也順著男人的眼光看過去了，看到男子裸露在外勃起的陰莖。那男子則奸笑著對著女生手淫。

6. 衝動型性騷擾

衝動型性騷擾主要指青春期的男性，他們因為年輕，對女性好奇、新鮮，加之自制力差，所以對女性的騷擾多半起始於性的衝動。大多是以遊戲和玩笑開始，並伴隨身體的接觸。一般沒有蓄意的傷害意識。

不管怎麼說，性騷擾就是在他人不願意的情況下，進行帶有性侵犯的行為。這在心理層面的分辨比較困難，主要是以行為為主。

一次我乘坐公車，一個 20 歲左右的男生刻意擠到我身後，從我的背後對著我上下移動他的身體。我嚇得趕緊移到司機身邊，那個男子才不敢靠近我。之後，他到另一個瘦小的女生背後。他雙手拉著公車的拉手，把那個女生緊緊包裹在懷裡，對著那個小女生上下蠕動身體。那個女生嚇得縮成一團，因為車上人不多，他做那個動作，一車人看得非常清楚，卻沒有一個人站出來指責他不良的行為。直到他下車離開前，那個小女生一直被他包在懷裡，承受著他身體上下的蠕動，長達 10 多分鐘。

在現實生活中，不管是小孩還是成年人，關於性騷擾的新聞常常出現。對於性騷擾，不管是公共場所，還是在獨處時，我們都要勇敢地說「不」，而不是當作偶發的騷擾就算了。當我們勇敢說「不」時，會讓他得到應有的懲罰，才不會有下一個受害者。

但有時在公車上，對方碰了妳的胸，並且有好幾次，但是此時公車比較不穩定，左右搖晃，妳就要分辨，是正常的行為，還是性騷擾的行為，否則容易引發不必要的誤會。畢竟，在公車等公共場合，彼此接觸幾次也是很正常的，但人為的摸大腿、臀部、胸部則為性騷擾。

我們在辨識性騷擾時，還要區分性騷擾、猥褻、強姦幾個概念：

性騷擾	猥褻	強姦
・無性行為 ・程度輕	・無性行為 ・程度重	・有性行為 ・暴力強迫

圖 1-1 性騷擾、猥褻、強姦的區別

1. 性騷擾

性騷擾是以性慾為出發點，帶著性暗示的言語或動作引起對方的不悅感即可。

2. 猥褻

是還沒有實質的行動，但已經碰了女性不該碰的部位，是以性交以外的方式實施的淫穢行為，比性騷擾的程度要重。如果是對年幼孩子的性騷擾，即在對象不明瞭意圖的情況下，也被視為猥褻。

3. 強姦

強姦，是指違背被害人的意願，使用暴力、威脅或傷害等手段，強迫被害人進行性行為。

在法律上，主要區別是：強姦屬強制性交罪，和猥褻、性騷擾有輕重之分。它們的嚴重程度按如下呈遞進關係：性騷擾、猥褻、強姦。

由於性教育很匱乏，導致很多女性，特別是年紀小的女孩，因為這方面的知識欠缺，所以，不懂得被強暴後的嚴重性。這讓她們在遭遇性騷擾和侵害時，往往不知所措，不敢與家長進行溝通，即便溝通了，多數家長還是選擇沉默。這非常不利於孩子的成長。所以，家長要主動對孩子進行性教育。

第二節
遭遇騷擾後的心理挑戰

一般而言，女性遭遇性騷擾時的年齡越小、次數越多、持續的時間越長，對女孩的心理影響就越大。很多的女孩在未成年的時候就遭到很多性騷擾，如果一再地遭受到性騷擾，很有可能會留下很大的心理陰影，而且長此以往還會帶

來很多其他方面的危害。

　　女孩在幼年被性騷擾後，心理和生活產生了非常大的負面影響，她們開始懷疑生活和人生意義了，並且變得非常敏感和神經質，如果這種狀態持續下去，她們的生活和工作，愛情和婚姻都可能面臨危機，因此，她們需要進行心理諮商或心理治療。由此來看，性騷擾所造成的負面效果是很大的。

　　為什麼性騷擾會對女性造成這麼大的負面影響呢？這是因為，對女性來說，多次和長時間遇到性騷擾，都會產生以下心理問題：

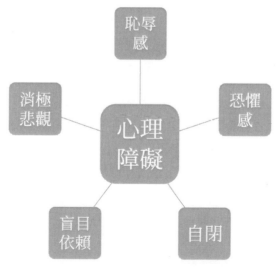

圖 1-2 性騷擾導致的心理問題

1. 恥辱感

　　性騷擾會損害女孩子的形象以及自尊和自信。個人尊嚴是自我價值的護衛，自信是自我價值的展現，若一個女人屢次遭受性騷擾，她就容易懷疑自己的價值。人們總是對高貴的和好的東西生出捍衛之心，而性騷擾帶來的恥辱感往往混淆了女孩的價值標準，使她覺得自己很髒，變得自慚形穢。

　　某國一女生小紅，其父母離異後，她單獨和母親生活。一次母親出差，母親的男友中午到她們家為女孩做飯。他離開時，緊緊擁抱女孩，還用手用力抓了女孩的乳房。雖然隔著毛衣，但那個男人走後，女孩非常痛苦。此後，她一直認為自己很髒，洗澡用滾燙的水，要洗很長時間。

　　她對心理諮商師說，自己很髒，以後不會有人要她。所以她拚命洗澡，將身上的髒東西洗掉。這次騷擾造成女孩不再信任異性，而且此後每次洗澡時間長達一小時，而且用滾燙的水洗澡。她說只有這樣她才認為可以洗乾淨。

2. 恐懼感

　　由於生理上的差別，很多女人本來對男人就有種莫名的恐懼，性騷擾的發生會增加對男性的厭惡和恐懼感，使她生活在恐懼、懷疑和壓抑之中。性騷擾的過程本來就和性侵等

暴力傾向聯繫在一起，很多女人又有想像的天賦，會不斷地重複這一情節，從而患上「男性恐懼症」。

3. 自閉

有些女孩因性騷擾的痛苦記憶而陷入到「一朝被蛇咬，十年怕草繩」的習慣性恐懼中，從此有意識地把自己封閉起來，不願意與男性交往，拒絕戀愛和結婚，並且變得悲觀厭世，遇到事情總往消極的方向思考，從而成為性騷擾的犧牲品。

4. 盲目依賴

由於膽小和恐懼，受到性騷擾的女性很可能產生盲目依賴感，下意識地想置身於某個男性的保護。這種過分企盼安全的不安全心理使她容易產生「急於求成」或「速戰速決」的婚姻錯誤。一旦成婚，發現自己一心託付的男人並不比性騷擾者好多少，甚至那個男人在得到她以後還會用她曾經的傷痛再度刺傷她。

5. 消極悲觀

性騷擾會讓一些女性產生消極悲觀的情緒，在學習、工作、生活中都會以消極的看法對待他人，從而失去很多機會。導致她們不能和男性建立起正常的信任和溝通的關係，

在工作方面，自然會遇到很多問題，甚至會被認為有人格
缺陷。

　　很多人都認為，性騷擾不是性侵，對女孩造成的心理影
響很小，甚至可以忽略。性騷擾雖不及性犯罪嚴重，因其日
常的頻率，帶給女性的傷害同樣深重。這種潛移默化的影
響，甚至可以像性侵一樣，對其人生觀和價值觀，產生極為
巨大的影響。所以，女性在遇到性騷擾後，如果不及時採取
措施，還會出現以下問題：

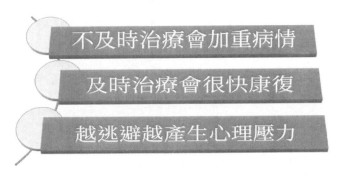

圖 1-4 即時進行心理紓解的原因

1. 可能會加重病情

　　遭遇性騷擾，年齡越小、性格越內向的人越容易形成創
傷，如果不及時採取相應的措施，孩子甚至會選擇性失憶，
好像那件事沒有發生一樣。但成年後，特別是當女孩到了青
春期，有了戀愛的衝動時，往往會回憶起幼年遭遇的經歷，

從而認為自己不是完美的女人，不敢以平等的身分和男性戀愛。

很多年輕女孩，由於生活閱歷和年齡原因，都無法正確面對成長中的創傷而選擇逃避，但這樣做會加重她們的心理負擔和壓力，使她們很長時間都無法走出心理陰影，最終導致心理疾病和生理疾病的發生。

2. 及時採取措施，會很快康復

因騷擾而受到心靈創傷，遠沒有選擇逃避的生活態度對她的傷害更大。如果採取正確的措施，遭遇性騷擾的女性受到的精神創傷透過心理諮商或心理治療，是可以康復的，幸福快樂的人生，她同樣可以擁有。但由於很多人選擇沉默，不敢報案，不願意接受心理諮商或治療，從而讓自己受到的傷害更加嚴重。一般建議，如果遭遇性騷擾，最好在家人的陪同下，儘早進行心理諮商或心理治療。

3. 越是逃避，越會產生心理壓力

多數女性在成長的過程中會遭遇性騷擾，因此女性遭遇性騷擾的比例較高，所以，遭遇性騷擾，不要採取逃避的方法。特別是現代社會，網路、媒體、社群軟體等廣泛的傳播，家長和女學生均應該關注性教育，善於思考自我保護的方法，越逃避越害怕，越不容易放下心理壓力，對當前和以

後的生活都沒有什麼積極意義。

父母首先要克服害羞心理，告訴女孩，在公共場合遭遇性騷擾，應該採取的避險方式，迅速離開侵害者，先確保自己的人身安全，同時應及時向周圍人求救。在女孩開始獨自乘坐公共交通工具的時候，應提前教育她們懂得提高警覺，保護自己，盡量站在年長女性乘客的身邊。

女孩也要學著保護自己，提高自己的心理素質和防衛能力，和陌生人說話要落落大方，一旦遭到性騷擾，千萬不要驚慌失措，也不要使用傷害性語言，以免激怒對方，被騷擾者的鎮靜和機智非常重要，只有這樣，在遇到危險的時候，才能更好地保護自己，避免受到傷害。

第三節
防範性侵，提高警覺

少女遭受性騷擾的事在國內外屢見不鮮，包括校園老師、親戚鄰居等。對少女進行性騷擾的人，常常是利用從屬關係或同事相處環境實施的。學生在校園裡遭受性騷擾，主要來自於男教師、鄰居及熟人。對這類性騷擾如不及時有效排除，很可能發展為性侵害。

　　很多未成年人也成了性騷擾的對象，家長需要引起足夠的重視，讓女孩了解一些性騷擾的基本情況，掌握一些基本的應對方法是很有必要的，否則當事情發生在自己女兒身上，就只能徒增後悔。

　　面對形形色色的性騷擾，女孩應當積極行動起來，大聲說拒絕，不要一味害怕，應當調動自己的全部智慧，判斷情況，思索對策，根據不同的情況採取不同的對策和措施。

　　張晴離婚後帶著不滿 13 歲的女兒生活。張晴本來不打算交男朋友了，但後來遇到王傑追求她。看到王傑老實憨厚，他對女兒很好，就動心了。有時會邀請王傑來家裡吃飯，由於他會做飯，很快贏得了女兒的喜歡。

　　一次，張晴出差，就叫王傑週末到家裡照顧女兒。王傑做完了飯，擁抱女孩時，卻用鬍子扎她，用嘴親她，後來又提出一起去床上玩玩。女孩很機智，她裝著說，「我感冒了，我去吃藥了。」於是她趁去房間吃藥的時候，鎖了房門，發簡訊給母親。王傑看到女孩鎖了門，只好逃走了。

　　此後，女兒立即給張晴打電話，告訴張晴這件事。張晴非常震驚和害怕。她立即買機票回家並找來王傑，要他向女兒道歉，並根據女兒說明的事情經過，讓王傑將這個過程寫下來，留下證據。張晴告訴他，如果再次猥褻女兒，就會將其繩之以法。從此以後，張晴對女兒的性教育，特別地重視起來。

　　張晴母女的作法，應該說非常可取，女兒以機智的作法避免了一次性侵害，而母親也從此重視對女兒的性教育，保護女兒遠離性暴力和性侵犯。

　　一般來說，女性要防範騷擾，可以從以下幾點來做：

1. 主動學習

　　學習一些性騷擾的知識和防範的方法。如果女孩年齡很小，家長就要承擔一定的教育責任，把相關的知識儘早教給孩子，防止她們陷入危險的境地。很多女孩在陷入性騷擾、性侵害的時候，居然什麼也不知道，這是父母性教育的失敗之處。因為如果家長不把性教育的主動權掌握在自己手中，那麼孩子就會向外探索。電視、媒體、網路、朋友圈等各種不良甚至錯誤的性知識就會影響孩子。所以，家長身孩子成長過程中最重要的人，一定要主動學習，掌握性教育的主動權，和孩子一起學習、一起成長。

2. 保持警覺

　　女孩懂得保護自己，時刻保持警覺，可以有效防止自己成為性騷擾的對象和陷入性騷擾的困境。不管是陌生人、熟人，甚至是自己的親人，都要注意，一旦發現其有不軌的舉動，就要大膽制止，不要任其發展下去。如前面提到的，沙灘等游泳的地方，穿上比基尼是可以的，但如果在深夜單獨

出行，穿著的性感指數太高，會讓自己面臨更大的危險。因此，我建議和父母、家人一起時，女孩穿著性感一點也是安全的，但一個人單獨外出時，穿著還是保守一點為好。

3. 謹慎交友

現在網路資訊多，交友形式多樣。不要隨便加陌生人好友，更不要輕易見網友等。即使是熟悉的同學、朋友，單獨外出也需要謹慎。夜間外出更要小心，最好告訴家人自己的行蹤，或是與女同學結伴而行。如今透過社群軟體認識陌生網友的比較多，而網路上有一些男性專門針對那些涉世未深、單純幼稚的女學生下手，而由此遭遇性侵害的女生也不少。在我諮商的個案中，因為見網友或網戀，最後遭遇強暴的個案真的不少。其中有兩宗個案，女生年齡在 14 歲以下。

4. 謹慎外出

黃昏和夜晚會增加犯罪分子的膽識，因此，夜間盡量減少外出，更不要單獨外出。特別是搭乘計程車時，要提防不法分子的傷害。多起女大學生搭乘計程車遭遇強暴的案件說明：女子單獨搭乘陌生人的交通工具時，會增加遭遇性侵的風險。

5. 不要落單

　　一般性騷擾的環境，要麼是隱密性的場所，要麼是公開性的場所，不管是哪種場所，只要有同伴在場，都可以在相當程度上，威懾對方不敢輕易放肆。避免單獨和男性出入曖昧場所，如酒吧包廂、KTV 包廂、電影院等地。心理學認為，當兩個人相處的時間夠長，就容易進入私人化的空間，從而讓對方感覺可以性騷擾，而女性則會選擇默許不作為。

6. 明確態度，警告對方

　　女孩在第一次受到性騷擾時，就應當向對方明確表明態度，方式可以是無聲地斷然拒絕，也可以是有言在先，要求對方注意自己的行為。有些女孩反覆遭受性騷擾時，態度曖昧，不置可否，客觀上強化了對方的性騷擾心理。對於性騷擾者，女孩不要過分羞澀，要以極大的勇氣、剛強的語氣、義正詞嚴的氣概來回應騷擾者。

　　有不少女性在公車、地鐵上都被色狼性騷擾過，遇到此類情況，應該大聲斥責，切忌忍讓。在公共場所，受公眾心理效應的影響，人們都認為在這種場合，進行性騷擾是不道德的行為，是應該被譴責的，所以性侵者一般在受到阻力之後，就會停止進行侵害。

7. 不貪小利

　　一些女孩貪圖美食或者小利，給了性侵者接近自己的理由，他們利用女孩的心理弱點，最終成功的達到了目的。個人的心理缺陷會導致自己成為受害者，為此，女孩一定不要貪圖小便宜，不要靠色相來獲取個人私利。例如，不要輕易接受異性的邀請，不要隨便接受別人的餽贈、不要隨便和陌生人玩耍、不要去隱密的地點等。

　　有個小學三年級的女生，每天下課後和同學一起去學校的福利社，趁其他同學買東西之際偷東西。被福利社那個 50 多歲的老人發現後，將她叫到一邊，威脅她如果不順從他，就將她偷東西的事告訴老師和家長。女孩受到恐嚇後聽從老人的安排。他將女學生帶到學校僻靜處和宿舍，多次對女孩性侵。女孩讀國中發現懷孕後，才在家人的追問下，說出事情的真相。雖然最終那個老人被判刑，但女孩因此受到的傷害卻無法彌補。

　　身為女性，不要被對方的外表所矇騙。不要輕易接受陌生人或者是不熟悉人的食物、飲料、香菸等等，這些東西一旦被下藥，而昏睡過去，則後果不堪設想，同時也要注意，在公共場合，比如說酒吧、KTV 等地，如不小心被下藥，應在理智尚存的時候藉口上廁所，趁機呼救。如乘坐火車等長途交通工具時，不要因為無聊和陌生人閒談後，隨便接受陌生人的飲料等，避免對方在飲料裡放安眠藥等。

8. 減少接觸

當女孩發現有人不懷好意，應主動迴避，盡量疏遠他，減少接觸和交往次數。要明確而堅定地告訴對方，他的言行令自己感到非常厭煩，若一意孤行下去將產生嚴重的後果。這樣做既可表明自己的態度，又能減少和防止不必要的麻煩。

如果是師生關係、親戚朋友關係等，也應該盡量在公開場合，盡量增加交往的透明度和公開性。如果實在擔心成為性侵害的對象，也可以採取轉學、搬遷等方法，以斷絕與對方的往來。

有一個大學新生，剛入學，一個 30 多歲帥氣的男老師，是同鄉關係，對她非常熱情，經常請她吃飯、唱歌。此後，男教師邀請女學生到他家裡，強暴了女學生。但另一個女生也有類似的經歷，同樣老師是她同鄉，也經常提出請她吃飯等。但女孩告訴我，她警覺心很高，所以，一直拒絕單獨和這個老師吃飯。她說，她擔心遇到壞人。我認為這個女學生的謹慎和警覺，最終保護了她。

9. 勇於求助

被騷擾時，女孩應該及時向家長、老師反應，依靠外界的力量來教育、幫助對方，依靠親友的力量來保護自己，及時制止性騷擾行為。也可以求助其他同學、同事，讓彼此相互有個照應。而當侵害者本身就是這些人的時候，也同樣可

以向其他人求助，達到制止侵害的目的。要讓侵害者認識到，他們付出的代價可能大於其所獲得的利益。

10. 以智取勝

　　機智的女孩總能防止自己落入危險的境地，即便遇到了性騷擾也可以採取很好的辦法成功逃脫。女孩可以拖延時間，可以找到一個合適的藉口，去上廁所，去拿東西，去打電話等，讓自己抽身離開，去警局報案。若要反抗，一定要有智慧，做到生命第一位，財物等都是身外之物，必要時身體也可以受到侵害。如果在夜晚無人的地方，可以先順從對方；如果對方索要財物，財物也可以給對方；盡量記住對方的體貌特徵，等到自己安全脫險後，在親人的幫助下報案。

　　在這裡特別要提醒女孩，不要說一些刺激對方的話語，否則可能引起殺身之禍。有好幾宗個案，犯罪分子抓住後，說因為那些女孩遭遇強暴後，對他們說：「我記住你了，我不會放過你的。」這些話引發了他們的殺心。所以，女孩一定要記住，由於侵害者的環境不同，周旋的方法自然也就不同，需要女孩們審時度勢，機智靈活地處理各種狀況，並將其巧妙地運用在自己的身上，終止對方的侵害。永遠記住，生命第一，其他的都給生命讓位。特殊情況下，身上的財物、甚至身體都可以給對方。獲得人身安全後，再尋求幫助。

第二章

時刻警惕身邊危險，及時進行心理診療

在這個魚龍混雜的社會，披著羊皮的狼到處都是，別看他們穿著名牌、紮起領帶，外表一副道貌岸然的樣子，或者他們的職業是教師、警察等，雖然看起來很體面，但如果某些人思想不純潔，就可能趁女性不備，伸起鹹豬手來騷擾女性，以此來彰顯其禽獸本色。因此，女性如果不想受到傷害，就必須時刻保持高度警覺，正確辯認周圍異性對自己的「好」，一旦看到他們有越軌之處，就要立刻逃脫。

第一節
潛伏在身邊的「危險」

多數人認為，強姦的施暴者都是陌生人，最該防範的也是陌生人，真是這樣子的嗎？

據很多調查報告，80% 的強姦發生在熟人之間，其中包括：親戚、朋友、老師、上級等等，為了研究方便，心理學提出了「熟人強姦」的概念，而強姦地點近 60% 的發生在受害人或加害人的家中，而非偏僻小巷，這與普通人的認識大相逕庭。

最應該防範誰？對，是妳認識的人，而不是那些陌生人。人性決定了我們對陌生人始終保持著高度警覺。而面對

熟人時，則心懷僥倖「他不會傷害我」，相信對方沒有惡意，從而降低戒心。然而，信任並不能降低女孩受到傷害的機率。

所謂熟人強姦，是指在雙方認識的情況下，其中一方以暴力、威脅、恐嚇等形式，未經對方同意，強迫對方與其發生性行為的情況。一直以來，雖然人們對陌生人的性暴力侵害進行了廣泛的討論，但從實際來看，施暴者大部分都是當事者認識並有一定程度了解的。

18歲的嘉怡天生麗質，她來我這裡諮商時，告訴我說，她和表妹幼年時被堂哥強姦長達兩年。堂哥威脅她和表妹，如果告訴家人，就殺了他們全家，所以，她和表妹都不敢告訴家人。長大後，她發現自己和表妹的胸部發育不豐滿，而且月經一直不正常，沒有規律。她擔心是被強姦而導致月經不正常和胸部發育不好，會影響到將來不能懷孕生子。

我解釋給她聽，女孩來月經最初的幾年是沒有規律的，個體存在比較大的差異。所以，不要擔心。而胸部發育不豐滿，有遺傳等多方面的原因。如果遭遇強姦後，受害者認為胸部是女性的特徵，因而討厭胸部的發育，那麼，心理因素對生理發育可能造成影響，但並不一定有必然的關係，因為個體有很大差異。至於是否因此影響未來結婚生子，通常不需要太擔心。如果對此非常擔心，必要時可以到醫院做相關的檢查。

　　嘉怡讀大學後，有很多男生追求她，但她認為自己已經不純潔，懷疑自己不是正常女人，擔心不能正常懷孕和生育，所以，拒絕了很多男生。但現在，一個令她動心的男生追求她，她很糾結，不知道自己該怎麼辦？更擔心如果和對方戀愛後，對方是否會因為她胸部發育不好而不愛她。

　　嘉怡的例子是典型的熟人做案。另外，來自鄰居、朋友甚至戀人關係的強姦案例也不少，我們不禁要問，究竟是什麼原因造成了這樣的事實，更為關鍵的是，在人們的主觀認知中，是陌生人導致了強姦行為，這和事實嚴重不符。這種矛盾現象產生的背後原因主要包括如下：

1. 社交屬性和強姦心理

　　從 1980 年代開始，美國心理學家瑪麗·柯斯（Mary Koss）及其同事便開啟了對「熟人強姦」這一議題的研究。研究顯示，社交關係的存在，是讓熟人強姦更容易成功實施的重要原因。

　　就像人們錯誤地認為「熟人代表安全」的道理一樣，施暴者認為「我和她熟識」更容易得手，而且得手後，面臨的懲罰可能更小；而被害者則認為，我和他認識，他不會傷害甚至強暴自己，這樣在思想上是沒有什麼防備的，才讓自己更容易被侵犯。

　　大眾對於熟人強姦（也包括陌生人強姦）的誤讀，相當程度上，既塑造了人們面對熟人的心態和心理，也助長了這類事件發生，並阻礙了受害者的危機應對。比如：既然妳認識他，妳又沒掙扎，那妳一定是自願的；女人嘴上說「不」，其實心裡在說「好」。

　　沒有哪個犯罪者臉上寫著壞人，尤其是與自己認識的人，他們看起來很普通。但他若強迫妳、違背妳的意願強行與妳發生性行為，就是強姦的定義，即便沒有廝打反抗，也是強姦。在強姦狀況中，身體機制為了保護自己，也會變得僵硬麻木，來防止受到更多的侵害。

2. 典型的犯罪心理

　　罪犯覺得陌生強姦會遭到激烈反抗，性子烈的還會拚死抵抗，弄得無法收場。出於這種心理，他們覺得選擇認識的女性下手成功機率大，遭到的阻力也更小。如果她拒絕，會導致社交關係破裂。或是女生會擔憂自己拒絕後，導致正常社交關係的破裂，從而選擇順從或者緘默。人們大多都有維持社交關係的屬性，不願意輕易失掉一個朋友。

　　女性會屈服壓迫來就範。女孩們往往會屈服於體力和權力的壓迫，從而忍讓對自己的越界行為。更有人錯誤地認為，不少女性有被強姦的幻想，說不定正希望自己被強姦呢。

在陌生人強姦案中，有 21% 的人會去報警。相比之下，熟人強姦中，這一比例僅僅只有 2%。由於彼此都是熟人，百口莫辯，往往會被認為是自己主動。

在熟人的類型中，針對未成年的性侵比較多。被害人和加害人有這麼幾類關係。一是親人，包括父親、養父、繼父或叔叔、伯伯、哥哥、弟弟、表哥、表弟、堂哥、堂弟等；二是鄰居，包括比較小的男孩和成年男人；三是父母的朋友；四是比較有威信的人，如教師、醫生、警察等。

圖 2-1 熟人強姦的幾種關係類型

有人統計歸納出被害人和加害人的 13 種親密關係：親友（父女、繼父女、兄妹、堂表兄妹、親戚等），戀人、前戀人或夫妻，同事、同鄉、朋友（包括初次和多次交往）、網友、鄰居、房東、僱傭、消費服務（特指色情娛樂場所衍生出來的關係）。

其他關係如師生、同學、教練等，也會進入大眾視野。其中，同鄉、同事值得關注，統計中，約會型強姦、聚會型強姦中，同鄉比例位居第二，說明同鄉強姦案背景和誘因多為社交事件，而同事則更多展現了「權力屬性」，上級對下級的脅迫等，比如老師也符合類似的規律。

一個上國中的女孩告訴我，她的表妹有一次去找同學，同學的父親趁機強姦了她表妹。由於父母平時忙，直到表妹懷孕六個月時才被發現；另有一個國中女孩對我說，學校有男體育老師，在女生上體育課不小心受傷後，老師經常故意把手伸進胸部或是臀部摸摸。

例子中的這些人都是熟人做案，由於他們有接觸女孩的機會或者便利條件，才能夠得逞。對於類似的熟人，女孩們要引起重視，提前加以防範。在我的諮商案例中，有的案例甚至是來自親生父親和哥哥。一些女孩雖然很痛苦，但為了維持家庭的完整和名聲，她們常常不願意告訴母親。很多母親由於缺乏相關的意識，她們無法關注到女兒受到傷害。但

母親是一個家庭中，除了女兒之外唯一的女性，應注意保護女兒的安全，並教育她們做好一些防範措施。

一個 17 歲女孩從 13 歲開始遭遇親生父親強姦，但她內心非常糾結。因為父親是家庭的經濟支柱，如果舉報父親被抓之後，母親和弟弟妹妹的生活來源怎麼辦，而曝光之後自己的家庭被當地人指指點點，生活在社會壓力之下怎麼辦？自己舉報父親，是否有人相信？又會對父親做出怎樣的處罰？家人會因此怨恨自己嗎？

正是這樣的困惑和性教育的缺失，很多女性在遭遇親人性侵害後不知如何面對和處理。我諮商的個案中，遭遇親生父親強姦的女童，也占有一定的比例。所以，這需要母親提高警覺，成為女兒的保護者。

在熟人強姦中，分為以下幾種情況：

1. 互動強姦

可能是開玩笑，也可能是彼此確實有一定程度的好感，男女彼此有互動上的曖昧傾向，比如語言上的曖昧，眼神的彼此勾引，可能女方會傳達一些訊息引起男方誤會，容易產生荷爾蒙刺激自己的性慾，促成了對方犯錯的心理。所以，女性一定不要在特定的環境中，給對方一定的錯誤訊號，讓對方感覺自己也有性方面的需求和幻想。

2. 性衝動強姦

因為性發育越來越早，多數青春期的男生荷爾蒙增高，以及從錄影、網路等觀看色情影片，導致他們性衝動自我控制能力減弱。因此，面對青春期的男生，女生要多一些警惕。並非這些朋友或同學本質不好，而是在特殊的環境或誘因下，他們自制能力減弱。所以，女性不要單獨和青春期的男生在黑暗或封閉的環境相處。

一個高三男生的父母均是大學知名教授，長期在國外講學。家裡只有保母照顧這個男生。男生學業優秀，人也高大帥氣，學習成績也非常好。一次，男生在家中上網看色情影片後，正好遇到鄰居女孩過來敲門問是否有開水，結果把那個不到 10 歲的小女孩強姦了。事發後，兩家人都非常震驚，因為這個男生平時表現很好。

3. 單戀強姦

單戀或者對女方抱有性幻想的男人，會在夜深人靜的時候想起女方而輾轉反側，經常會偷偷注視對方，觀察對方，甚至對對方的一舉一動全都瞭如指掌。在這種情況下，他們的強姦行為，往往是蓄謀已久的，有的是專門踩點並實施的。女性需要特別注意，當發現對方對自己有不軌的行為傾向的時候，要主動遠離，或者採取其他的輔助措施。

4.約會或者聚會強姦

此類強姦是指雙方以約會作為開始互動的條件，或者是以聚會的形式開始認識，起初以哥們兒、朋友的藉口，沒事的時候約出來一起逛街、吃飯、看電影、喝酒、泡夜店各種理由，以特定的某種環境來達到自己的陰謀計畫，事後以不是故意的為藉口掩蓋強姦的事實。特別是一些高中生參加同學聚會時，由於喝酒等造成了男生控制力減弱。酒後，男女同學若在封閉的空間獨處，往往容易導致強姦案的發生。

由於熟人強姦是個案，曝光率不高，引不起人們注意。我為學生講課後，有些家長聽課會主動告訴我，她們幼年遭遇過鄰居老男人、繼父等強姦未遂的故事給我聽；也有些會告訴我，她們遭遇鄰居、親生哥哥或堂哥、表哥等強姦。但這些她們都埋藏在心中，從沒有和家裡任何人說過。

第二節
增強防範意識，遠離「曖昧」的事發地

強姦的發生，過錯往往都是施暴者，這一點是毋庸置疑的。然而，生活中的很多事情都是一樣，在妳享受人際交往帶來的樂趣的時候，也要採取一些措施來保護自己的安全。

而且，防範措施還要考慮到司法取證和司法救濟等方面，將自己的危害降低到最小。

曉曉母親從英國留學回來在一家外企工作。曉曉很小的時候媽媽就開始對其進行性教育，這一點丈夫是贊同的。但有一天丈夫發現，自己的妻子在教 15 歲的女兒使用保險套的方法時，又讓女兒把保險套放在書包裡隨身攜帶。他有點受不了。

但妻子認為「與其帶著女兒去墮胎，不如告訴她怎麼保護自己，保險套是最好的防範措施之一，將傷害降到最低。」甚至在特別危險的時刻，可以請施暴者帶上保險套，以防止其對孩子的身心造成大的傷害。

妻子認為，孩子的性教育要提早進行，許多事父母無法阻止，但至少能為女兒的安全著想。但丈夫認為，妻子的這種行為是教女兒早戀，甚至縱容她提早進行性行為。如果被老師和同學們發現，會造成負面影響。

學校的性教育往往不能滿足青少年對性的好奇心，因此，與其讓他們從網路、媒體獲取一些錯誤的性知識，不如提早讓家長傳授。就如一些性教育工作者認為的那樣，只有家長搶先占有性教育的主動權，才不會等到發現孩子出問題後追悔莫及。

我從 2013 年開始，在學校舉辦性教育宣導工作。在沒有開始這項工作前，我諮商的個案中，學生懷孕、人流等個案

很多。透過舉辦講座，幾乎沒有學生因為懷孕、人流的問題前來諮商。同時，我也開始在偏鄉進行女童和青少年的性教育。在開始講座後，我發現越是偏僻的鄉村和觀念落後的地區、學校，女學生遭遇強姦的個案越多。而學生因戀愛、被強姦意外懷孕的也很多。而如果接受了家長或學校性教育的孩子，她們往往能正確處理自己所面臨的各類青春期的性困惑和煩惱，因為，她們已經從家長或學校那裡掌握了必要的性知識，有能力處理自己遇到的問題。所以，我希望我們的社會、學校、家長能與時俱進，將正確的性與生殖健康知識傳播給青少年，這就是一種生存技能。為了未來找一份好工作，我們很多學校和家長關注的往往是學習，但性知識是人生技能的一個部分，也是為了提升她們的生活品質和幸福指數，為什麼我們就不可以大大方方和孩子們探討呢？

在某一所學校講課時，我印象最深的是一個十幾歲的女生。她聽課後來找我，說她已經停經六個月。她不知道是否懷孕。因為她村裡有一個 50 多歲的老爺爺和她一起玩了遊戲。可那個老爺爺兩個月前過世了。女孩說那老爺爺對她很好，總給她買好吃的。

我問她為什麼不告訴母親。她說這是一件醜事，告訴母親會罵她。我建議她去醫院檢查，她說不好意思去。我問她是否願意告訴老師，她說告訴老師，老師會告訴母親，母親

一定要罵她，所以她不願意。

因為我講課後就要離開這個學校。所以，我立即去附近的藥局買了驗孕棒給那個女生，並教她怎樣使用。此後，我趕火車離開了，也不知那個女生是否懷孕。

我認為，女性在這方面做好防範工作很重要。女性防範強姦需要注意以下幾點：

1. 保持距離，不要太過隨便

在與人說話時，不管是陌生人還是熟人，都要保持一定的距離，不要輕易相信他們。在和他們交往的時候，要留一個心眼。一旦發現他們有明顯的越軌跡象時，盡量停止交往或是減少同他們接近的機會。很多女孩被性侵原因之一，就是他們不懂得和人保持距離，更不懂得大膽拒絕，有些人竟任其猥褻。

一個遭遇親生父親猥褻的女生由她母親帶著前來諮商。因為父母已經離婚，所以母親非常傷心也無法接受這一現實。她問我：「那可是他的親生女兒，他怎麼可以這樣？」我回答說：「對於這樣的男人，他當時認為就是一個女人和一個男人而已。」

所以，妳只要和異性在一起，就要有防範心理。特別是那些和女兒沒有生活在一起的父親，當他們的思想意識、自我道德感、自制力沒有建立時，女兒就可能成為他們傷害的對象。

另外，不要穿著過於暴露，不要舉止輕浮，不要與異性玩過分親密的遊戲等。前面關於性感指數已經提到，和異性單獨相處或是深夜出門、出入夜店等地方，不宜穿性感指數高的服裝，因為這可能會產生一定的危險。因為總有那麼一些人，他們的自制力不夠，沒有培養好的控制力，所以，女性如果不想受到傷害，就必須提高警覺。

2. 盡量不跟異性待在隱密空間

不管是在家也好，在外面也好，盡量不跟異性待在二人空間以及黑暗的地方。因為這些地方都是案件多發之地。遇到這種情況時，要想辦法盡快撤離。在這樣的空間，危險度會大大增強。不要給對方任何暗示，不與他們進行親密的肢體接觸，就不會誘發或助長對方的強姦意識。

很多強姦事件的發生，就是事發時受害者不懂在隱密空間盡快撤離，比如，當對方觸碰自己的身體不敢反抗，從而令對方感覺有恃無恐，或者給對方傳達錯誤資訊，讓對方感覺受害者也是喜歡這樣，從而實施了強姦行為。尤其當面臨兩人獨處空間的時候，或走在黑暗的道路的時候，能夠避免就避免，不能避免也要想好辦法，盡快離開這種空間。

3. 機智靈活，拖延時間並呼救

女孩在遇到強姦時要想辦法拖延時間，並實施逃跑和呼救。強姦行為開始的時候，是最容易逃跑和制止強姦行為的時候。這時候妳要保持冷靜，不要激怒對方，也不鼓勵正面搏鬥，畢竟女孩多數都是體格較弱的一方。所以，如何有效拖延時間，並成功逃跑才是要點，這很考驗女孩的智慧。如果實在逃跑無望，可以嘗試與其協商，盡量讓他帶上保險套，注意性病和懷孕的防範。

4. 強身健體，學點女子防身術

女性遇到歹徒時，不要慌張，要怒目而視，趁對方不注意，猛擊對方的要害部位，在對方沒有緩過來的時刻要成功逃跑，這其實是非常好的方法。不過，對於很多女性而言，這種策略不一定能夠實施，因為一旦不成功，可能會激怒對方，讓自己面臨更大的危險。

所以，女子可以學一點防身術。這樣如果遇到並不是很高大的男性時，透過自己的努力可能導致他們終止危害行為。猛擊其要害，趁機逃走，對方也不會怎麼樣。不過遇到多人空間的時候，也就是有多人實施侵害的時候，需要見機行事，防止自己面臨更大的傷害。

很多國家已經在學校進行關於性侵害的防範和早期教育。由於地區差異和思想觀念不同，受的教育程度不一樣。通常越是貧困和落後的地方，接受的性教育越少。很多學校往往認為性教育無法拿到桌面上談，又擔心拿捏不好分寸，引起家長和社會的非議。所以，也不願意主動承擔性教育的責任。

學校教育的不足，就需要父母承擔更多的責任，把需要注意的地方和防範的措施，自己整理和歸類一下，來告訴子女如何有效避免被性侵，遇到危險的時候如何呼救和盡快逃離。特別是偏鄉女童，缺乏父母關注，老人又常常照顧不到女童情緒的變化，她們常常成為性傷害的主要對象。

第三節
重視生命，調整心理障礙

對於女性來說，強姦不但傷害女性的身體，更加傷害女性的心理，一些女性從此就陷入了不斷重複的噩夢之中，嚴重影響了自己的戀愛、學習和工作。有些女性因此得了憂鬱症，最後選擇以自殺結束自己寶貴的生命，從而釀成社會悲

劇。因此，女性要正確看待這件事，讓自己明白，與寶貴的
生命比起來，任何事情都是小事。

　　一般來說，女性在經歷類似的事情後，心理創傷會經歷
以下兩個階段：

　　第一個階段稱為急性期，常見的心理感受有：恐懼、自
責、羞恥、自卑；第二個階段稱為重組期，常見的心理感
受：沒有安全感、不信任他人、損傷自信心。

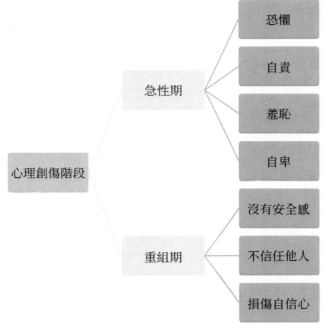

圖 2-2 心理創傷的兩個階段

　　急性期指女性在剛被性侵後到幾星期之內的時間，被害女性情緒非常不穩定。有的大哭大喊，有的表現出明顯的恐懼、憤怒、焦慮和緊張，也有的被害人竭力壓抑這些情緒而表現出麻木冷漠、行為呆滯遲緩。典型如下：

1. 恐懼

　　這是最主要的情緒。包括現實的恐懼，如害怕懷孕、害怕殘廢、害怕染病、害怕被別人歧視等，也有非現實的恐懼，即沒有現實理由的恐懼，包括各種的幻想和臆測。

　　小花在小學二年級，她一個人回家後，被鄰居哥哥性侵。被對方恐嚇，不要告訴家人，否則殺了她的全家。此後，只要家中是她一個人，她就非常恐懼，很擔心對方再次傷害她。特別是晚上，一個人睡著床上時，總擔心遭遇強暴。一次過年，她睡覺中不小心碰到一個毛茸茸的東西，她以為又是鄰居來侵犯她，嚇得聲嘶力竭。家人開燈後，發現是一隻小貓跳到她的床上。這種恐懼，小花說一直持續到她大學畢業離開家。直到如今，雖然早已結婚成家，但如果家裡僅有她一個人時，她除了把大門緊鎖，還要把臥室的門也要鎖好，否則，不敢入睡。幼年的恐懼和不安全感，一直伴隨她。

2. 自責

在被侵害女性中普遍存在。她們會長時間地責備自己，比如「我當時如果喊人就好了」，「如果反抗就好了」，「為什麼當時那麼傻，放著那麼好的逃跑機會不跑呢？」等等。

3. 羞恥

她們會把自己全身拚命洗乾淨，彷彿想洗掉恥辱。羞恥感還會引起精神恍惚。不管人在哪裡，都能想起自己被強暴的情景，旁邊還圍了很多人在看。

4. 自卑

此類情緒或者是由貞節觀引起，或者是由社會對被害婦女歧視引起。強姦使被害者對世界的信心完全破壞。除了出現緊張焦慮，一些人會陷入憂鬱之中，不吃不喝、不言不語。

重組期指急性期後的一段很長的時間，有時造成的陰影會持續幾個月甚至幾年、幾十年，甚至是持續終生的。在重組期，被害少女的情緒即便平緩下來，仍舊有許多遺留下來的心理問題。典型如下：

1. 沒有安全感

這種不安全感在她們看來難以消除。她們變得十分謹小慎微，把自己的生活圈子縮得很小。性格顯得孤僻和冷漠，

在哪裡受到傷害，就懼怕去類似的地方和房間。

2. 不信任他人

她們對他人的信任也受到破壞。有些女孩子從此迴避與男性的交往，有些則走向另一個極端，變得放蕩。而實質來源於同一個觀念：「男人是可恨的，不可信任的。」

3. 損傷自信心

她們的自我意識被嚴重損害，信心受到嚴重的破壞。她們對自己的自我保護能力、獨立生活能力都嚴重懷疑。她們從此不再會奮發圖強，失去了生命的活力。

性侵事件的發生與男性接受的性倫理和性道德教育有關，也與他們對自我管理的能力有關。性慾是一種巨大的能量，但有些人卻沒有培養良好的自制力，不懂得性慾的滿足只有在雙方自願、不違背對方意願的情況下才可以發生。而且，與 16 歲以下兒童發生性行為，即使對方同意，也是法律不允許的。

很多性侵案的發生，是男性以威脅、恐嚇或暴力手段對女性實施的。身為女性，一般情況下，無論是身體還是力量方面都無法和男性對抗，因此，關注男性的性倫理和性道德教育，培養他們管理性慾望的能力，增強他們的自制力，不做侵犯女性的事，不違背女性的意願強行發生性關係，才是有效避免性侵事件發生的手段之一。

　　我過去舉辦性教育講座，面對的對象常常是女性和家長。如給幼兒園的孩子講身體的隱私部位，不能讓別人觸碰等；告訴中小學女生學會自我保護；提醒家長關注孩子的性教育。但現在，我經常給青春期的男生講性倫理、性道德、性慾望的自我管理以及自制力的培養，告訴他們提高管理性慾望的能力，增強自制力。我告誡他們，要做一個尊重女性、守法的公民。我希望他們承諾這一生不做侵犯女性的事。我相信，與其對女性進行被動的性防範教育，遠不如對男性展開「不侵犯女性」的自我管理教育，提升男性自我管理能力，培養他們的自制力，因為多數情況下，男性是性侵害行為的主動實施者。

　　對女性進行性教育僅僅只是防範，而對男性進行性慾望的自我管理能力教育，讓他們提升對性慾望的控制能力，培養他們的自制力，不做性侵女性的事，是一種積極、主動的性的自我保護教育。根據我的教學經歷，我認為對男女採取不同的性教育內容，這既是對女性的保護，也是對男性的保護。因為如果男性性侵女性成功，他們也將面臨被判刑的結局，因此，發生性侵害行為，最後傷害的是兩個家庭。所以，關注對男性自制力的培養，提升他們管理自己能量的能力，也是積極防禦性侵害事件發生的有效途徑之一。

第四節
正確心理療法，改善心靈狀態

心理療法與化學、天然藥物及物理治療不同，是心理醫生、心理治療師、心理諮商師與求助者交往接觸過程中，透過語言或行為來影響求助者的心理活動的一種方法。心理治療是雙方互動的一個正式的過程，每一方通常由一個人構成，但也有可能由兩個或更多的人組成。

性傷害後的心理治療，目的是透過心理諮商師、心理治療師或心理醫生採用合適的心理治療方法改善受害者的無助、無能或功能不良帶來的苦惱，包括認知功能（思維異常）、情感功能（痛苦或情緒不舒適）或行為功能（行為的不恰當）。

有一次，一個心理學的同行給我電話。她向我求助，他們社區的一名 9 歲叫小花的偏鄉女童被一名保全猥褻。由於小花下體出現紅腫，被奶奶帶到醫院，她才將她的遭遇告訴了奶奶。之後，爺爺、奶奶將保全告上法院。

由於男子只是實施了猥褻行為，故他只遭到拘留和罰金的處理。爺爺感到很不平衡，多次帶著小花去申訴。事情發

生後，奶奶也多次帶她到各大醫院看心理門診。有的醫院給出重度憂鬱症的診斷，並希望她住院。於是，他們運用沙盤遊戲等多種治療方法，對小花進行心理治療。然而她的情況越來越糟糕。小花的父親原本膽小懦弱，因家庭發生這樣的變故突發思覺失調症，在外打工的母親無法承受小花父親的精神病，離家出走再也沒有回來。

發生猥褻的事後，原本一個乖巧聽話的女孩變得花錢大手大腳，經常發火和憤怒。而每一次諮商，那些心理諮商師不斷地讓小花回憶那天發生的事，不斷重演那天的經歷。學校對此事顯得極為關注，讓小花身心疲憊應付大家的詢問，滿足他們探尋細節的好奇心。這件事弄得整個社區、學校都知道。那些根本不知如何處理性傷害的社工或心理諮商師，不斷給小花造成二次傷害。因此，我認為需要對社工或心理諮商師進行相關的培訓，讓他們懂得如何採取合適的方法，幫助這些受傷害的女性，而不是在她們的傷口上撒鹽。所以，我們需要懂得如何對這些女孩進行心理輔導，將她們的傷害減到最小。

由於小花的爺爺認為對那個猥褻行為的保全處罰太輕，所以他不斷到法院，要求重新判決。最後，他找到那個保全，保全又給予了 2 萬元的賠償，他才沒有再去糾纏。而這

種不斷重複以及與犯罪分子的糾纏，讓小花身心疲憊，心靈再次受到創傷。讓小花對未來也充滿了困惑。

由此可見，遭遇性傷害的女性如果不及時治療或治療不當，陰影可能要伴隨一生。所以，遭遇性傷害的女性一定要尋求合適的心理諮商師或心理醫生進行治療。目前進行心理諮商，很難用一種方法就能解決所有的問題。所有，通常是多種方法的整合應用，這樣效果也會比較好。對於不同的受侵害者，他們適用的方法也不可能完全一樣。一般情況，求助者最好能尋找到對性侵案例諮商有經驗的心理諮商師，才有可能獲得較好的諮商效果。

遭遇性傷害的女性可以用以下三種常用的心理治療方法：

1. 精神分析療法

佛洛伊德首創，後來被逐步發展和完善。它可以辨識潛意識的慾望和動機，解釋病理與症狀的心理意義，協助求助者對本我的剖析，解除自我的過分防禦，改善求助者的人際關係，調整心理結構，消除內心癥結，促進人格的成熟。精神分析治療過程通常分為四個階段：

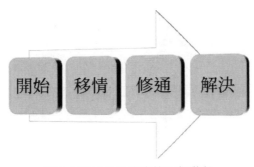

圖 2-3 精神分析治療的四個階段

1. 開始階段。了解求助者需要解決的問題，雙方就治療規則、治療階段、雙方責任等取得共識，由淺入深了解求助者精神困惑的根源。

2. 移情階段。移情是求助者將自己對過去生活中的某些重要人物的情感在治療者或心理諮商師身上的投射，他們依據求助者的投射對其進行體驗、理解並告知求助者。

3. 修通階段。運用解釋為主的技術，向求助者揭示其內心的無意識慾望和衝突，展現出各種症狀關係，獲得求助者的理解和領悟。如果遇到阻抗，需要及時處理，並堅持多次諮商才會逐漸獲得療效。

4. 解決階段。這個階段，求助者可能會在移情上出現反覆，治療者需要繼續採取解釋技術，來解決求助者遺留的問題，使之能夠面對現實。當求助者能夠解決移情並做好結束的準備時，治療就可以結束了。

2. 行為療法

　　行為主義心理學認為，人的行為是後天習得的，好的行為可以透過學習而獲得，不良的行為、不適應的行為同樣也可以透過學習訓練而消除。對於受害者而言，由最初的恐懼、害怕、自卑、人際交往等心理困惑，透過行為治療和訓練，幫助她們重新建立自信，重獲心理健康。

　　行為療法透過對行為的評價和行為的學習模式，幫助求助者調動自身的認知能力，逐步以健康的行為替代異常行為。具體的行為療法有系統減敏療法、厭惡療法、陽性強化法、衝擊療法、聽其自然法、強化療法、放鬆療法等。

　　治療方法的選用是根據具體行為表現而選擇的。由治療者提出方案，徵得求助者同意，在求助者積極配合下進行。不同的治療方法需要的時間不同，或長或短。如果求助者產生逃避的意念或行為，或者放棄治療那麼就可能前功盡棄，並對今後的治療產生負面影響。

3. 認識領悟療法

　　認知領悟方法強調意識層面的領悟。難點集中在求助者可以接受和理解的意識領域，需要深挖求助者無意識內容和無意識衝突的本質，並尋找當前症狀的象徵性含義，它非常重視求助者自我領悟的作用。認識領悟療法治療的次數並不

固定也不重要，關鍵是讓求助者能夠領悟到，自己存在的認知錯誤。只有改變不良認知才能告別過去的痛苦。

其他心理治療方法包括如下：

1. 支持性心理治療

心理醫生或心理諮商師等與求助者建立的良好關係，利用治療者的權威、專業知識，來關懷、支持求助者，使他們發揮其潛在能力，提高應付危機的技巧，舒緩精神壓力，避免精神狀態的進一步惡化，幫助走出心理困境。

上面小花的案例中，爺爺認為這是一件非常丟臉的事，所以不斷帶著小花到處申訴，要求嚴懲罪犯。而奶奶擔心孫女出現精神問題，一次次帶到醫院做心理治療。這不僅無法平復小花受傷的心靈，反而加重了她的心理困惑。所以，家長面對這樣的事，首先要理智面對，要以關愛的心對待孩子，不要責備是孩子自己不智慧造成的傷害。同時，家庭可以給予關愛，但不是一次次詢問事情發生的經過或細節，而是用一顆愛的心胸，讓女孩知道，她雖然受了一點點小的不幸，但這樣的事就如被蚊子咬了一口一樣，雖然有點痛，但我們並沒有受到太大的傷害，盡量淡化幼小孩子對此事的看法。而不是一次次強化，讓孩子以為自己受到莫大的傷害，甚至因此無法正常學習和生活。

2. 家庭治療

透過交流，扮演角色，達到建立新的認同，運用家庭各成員之間的個性、行為模式相互影響、互為連鎖的效應，改進求助者心理功能，促進各個成員的心理健康。夫妻治療（也叫婚姻治療）是家庭治療的一種特殊模式。

3. 催眠療法

將求助者透過催眠的方式引導進入一種特殊的意識狀態，運用言語或動作整合求助者的思維和情感，從而產生治療效果。此時的求助者對他人的心理引導具有極高的反應性，可以在知覺、記憶和控制中做出相應的反應。催眠不是真正的睡眠，即不是透過催眠使人睡著了，而是透過心理暗示，達到一種意識高度集中的特殊腦功能狀態。

4. 藥物治療

使用少量、短程的藥物治療，配合其他的治療方法，可以顯著改善求助者生活品質，穩定情緒。一些滋心補腦類藥物對提高記憶力、改善心境、消除情緒憂鬱、焦慮、強迫、神經衰弱等有顯著效果，而且短期服用並沒有副作用。在心理諮商過程中，有些人認為只需要與求助者進行溝通就可以。實際上，如果求助者的症狀嚴重，必須配合藥物治療，

但心理諮商師不能給求助者開藥。需要求助者到醫院看精神科的心理醫生，由他們開藥。如重度憂鬱等必須結合藥物治療。通常用藥量的多少和用藥時間的長短，由心理醫生決定，求助者不要擅自停藥。有些遭遇強姦罹患重度憂鬱症，反覆有自殺念頭或行為的女性，需要進行住院治療。

對受侵害者進行心理治療的方法還有很多，需要根據求助者情況選擇合適的一種或者幾種方法。運用心理治療，對求助者進行訓練、引導和治療，可以有效減輕或消除身體症狀，改善心理精神狀態，適應家庭、社會和工作環境，達到康復的目的。

第五節
危機干預，選擇適當的矯正方法

心理治療是透過語言和非語言的技巧，了解求助者的狀況，排解她們的痛苦，找到問題的根源和解決的方法。它需要心理諮商師完全接納求助者，體驗求助者的內心痛苦，幫助求助者解釋自己認知不清的問題，還要選用合適的治療和矯正方法。同時，對於那些剛剛遭遇性侵害有自殺傾向的女孩，需要進行危機干預。

　　危機干預是指採取某些措施來干預或改善危機情景，以防止傷害處於危機情景中的個人及其周圍的人們。危機干預又稱危機調停，是以急診訪問或勸導的形式，改善那些有自殺念頭或正在實施自殺行為的人可能導致心理障礙的各種內因，以避免發生意外事故。

　　阿玲就讀於一所普通高中，班裡的風氣很不好，加之男多女少，她們經常受到男生的騷擾。為了躲避騷擾，阿玲假裝和其中一個調皮男同學戀愛，因為該男生向她提出性要求，她拒絕了，並決定不再和他交往。這個男同學為了報復她，找了社會上的另一個男青年。在一個晚上，那個男青年把她強姦了。

　　事情發生後，她情緒很低落，心情很不好，產生了厭學情緒。父母一直覺得她是好孩子，不和壞孩子來往、不撒謊，看她最近表現不好，就打罵她，她只好說出了真相。爸爸知道真相後，狠狠地打了她，她感到沒臉見人，所以在第二天凌晨選擇了自殺，還好被及時制止並救了下來。

　　阿玲不知道怎麼辦，電話聯繫了心理諮商師，這也是我們遇到的少數的主動尋求幫助的人。父母雖然不樂意我們的介入，但知道孩子有自殺傾向的時候，也就同意了。

　　按照預先設計好的程式，我們需要和求助者的父母先做

簡單的交談，大體知道了事情的經過，以及女孩的基本數據，如下：

女孩的年齡：17 歲

女孩的小名：阿玲

女孩現在的狀態：不吃飯、不說話、有過自殺行為。

我開啟女孩的房門，只看到一床、一桌、一茶几，還有幾張隨意放置的矮矮的凳子。女孩躺在床上，凌亂的被褥下，有一堆凌亂但烏黑的頭髮。在徵得了少女和家長同意後，我們開始了工作。並按以下環節去做（如圖 2-4-9）。

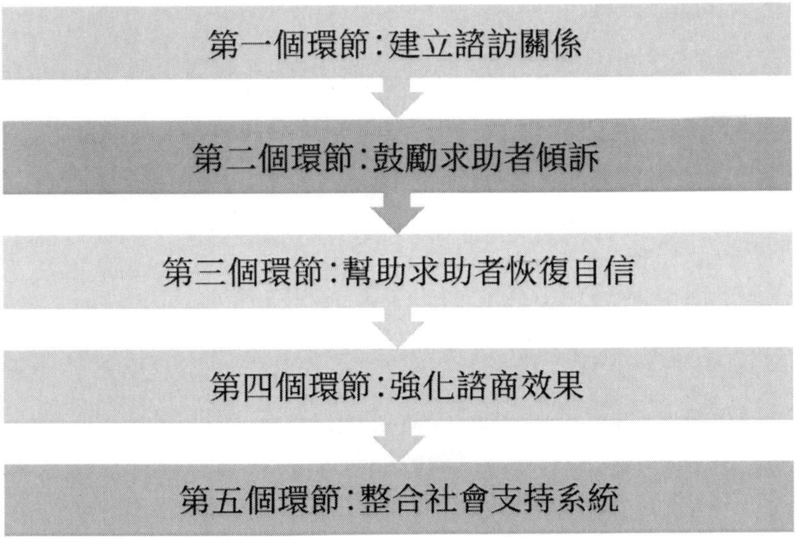

第一個環節：建立諮訪關係

第二個環節：鼓勵求助者傾訴

第三個環節：幫助求助者恢復自信

第四個環節：強化諮商效果

第五個環節：整合社會支持系統

圖 2-4 心理諮商的五個環節

第一個環節：建立諮訪關係（信任關係）

我搬了一個凳子，坐在求助者的床前，身體前傾，目光專注，用溫和的話語自我介紹：「我姓曾，是心理老師，也是妳和爸爸的好朋友，妳可以叫我曾老師，好嗎？」

女孩點了點頭，沒有說話。我問她：「妳叫什麼名字呢？」女孩的聲音很小，幾乎聽不清楚，我對她說：「我可以叫妳小名嗎？」她也同意了。我又問：「我們可以成為朋友嗎？我想做妳的朋友。」她用疑惑的眼睛看了我一眼，說：「嗯」。

干預方式解析：

取得求助者的信任是心理諮商的前提。為了避免求助者的牴觸，我用「虛擬親情」的方式來瓦解被害人的抵抗情緒，營造和諧輕鬆的氛圍。我用求助者的小名來稱呼她並告訴她我是她的好朋友，以打破求助者的心理屏障。

第二個環節：鼓勵求助者傾訴

正式進入諮商的話題，我說：「爸爸說，昨天發生了一件讓他很害怕的事情，妳能告訴我，是什麼事情嗎？」她說：「我想不開，在手腕上劃了一刀。」我拿起她的手腕，反覆看了一下，輕聲地問道：「當時會痛嗎？」她回答：「很痛。」我說：「現在還痛嗎？」她回答：「現在好點了。」

我問：「妳為什麼選擇這種方式呢？」她說：「我覺得都是自己的錯，讓爸爸媽媽丟臉了，所以他們才很生氣，我不知道怎麼辦。」我繼續問：「那麼，妳能說一說，究竟發生了什麼事情，讓他們這麼生氣嗎？」聽了我的話，她開始講述學校裡發生的事情。

干預方式解析：

心理諮商師引導被害女孩訴說她的苦惱，目的是為了了解情況並宣洩求助者的情緒。我採取了「迂迴詢問」的手法，以避免直接詢問可能對女孩造成二次傷害。談話的時候，適時拉起女孩的手，詢問割腕的感覺，營造和諧氛圍的同時，也進一步強化了這是錯誤的行為，讓其進行反思。

這裡有兩個諮商細節，一是每叫一次小名，她都感動一次，可以看到她的眼裡噙滿了淚水；二是她反覆說，自己不是一個好女孩，大家都不喜歡她了，都是自己不好，如果不和那些人來往，也許就不會被強姦了，這是典型的強姦後的自責傾向。

第三個環節：幫助求助者恢復自信

我開始對她進行勸慰。「聽了妳的訴說，我很難受，妳是一個好孩子，遇到這樣的事情，自己不知道怎麼辦，也無法擺脫，又不願意讓爸爸媽媽擔憂，就選擇了不上學，是嗎？」

　　她點了點頭。我繼續說：「我和爸爸媽媽談過了，妳本來就是一個好女孩，不管妳怎麼樣，他們都會喜歡妳。這件事，給他們的打擊很大，也很難受，他們愛妳，希望妳能自己走出來。」

　　我對她說，「強姦不是妳的錯。強姦妳的人，才有錯誤，他們會為自己的行為付出一定的代價。」她開始流淚。我問她，「妳整天以淚洗面，不吃不喝、是用別人的錯誤來懲罰自己啊。妳錯了嗎？」她搖了搖頭，「那麼妳為什麼還要這麼折磨自己呢？」她遲疑了一下，想說什麼，但沒說出來。

　　我繼續表達幾個觀點：一是，妳是一個好孩子，被強姦不是妳的錯，妳是值得愛的孩子，妳也有很多好朋友，有許多的愛；二是，生活中有很多的不快樂，但也有很多的快樂，不快樂最終都會過去，我們應該更加珍惜那些快樂的時光，經過了一些特別的事情，妳應該更加懂得珍惜，珍惜自己的爸爸媽媽，珍惜親情，他們一直期待妳能走出心理陰影，步入陽光地帶；三是，人生有三個時段。過去、現在、未來。過去的事情已經發生，我們無法改變。所以，我們需要學會接納、釋懷、放下。過去的事情已經過去了，我們不能改變過去，但可以決定如何選擇未來。妳需要做的是，先調理好自己的身體，然後嘗試著出去走一走。在這個過程中，她開始認同，最後無語、沉默、思考。

干預方式解析：

求助者一直是一個「好孩子」，現在遭遇強姦，於是她認為自己成了一個不值得別人愛的壞孩子。爸爸、媽媽都喜歡好孩子，不喜歡壞孩子。所以求助者自責，認為被強姦都是自己的錯。談話是要告訴她，她一直是個好孩子，被強姦她沒有錯，她還有更好的生活。

這個環節裡，心理諮商師有兩個諮商方向：和求助者在一起辨析「好孩子」和「壞孩子」的問題。告訴求助者被人姦汙不是妳的錯，並不影響大家對「好孩子」的評價。由於求助者情緒低落，不願意說話，很多時候需要諮商師自己說出來。

在細節上面，一是反覆強調，妳是一個好孩子，而且大家都很喜歡妳；二是妳沒有錯誤，妳不能為別人的錯誤負責，降低自殺和自我傷害風險，三是一切都過去了，身為聰明和善良的好孩子，向前看才是智慧的選擇。

第四個環節：強化諮商效果

為了鞏固和強化效果，增加了「放鬆練習加催眠暗示」。我發現，求助者的情緒已經好轉，表情也不再凝重。明顯感覺到受害人渴望被接納、被尊重，她的語言開始增多，繼續交流的意願明顯。我和她建立了良好的關係，她開始信任

　　我，願意聽我的話。增加這個環節，是為了給求助者做一個
放鬆練習並適時的給予她心理暗示，以固化諮商效果。

　　我邀請她來做一個放鬆的練習，她同意了。「先把眼睛閉
起來，用腹部呼吸，吸氣的時候要關上自己的嘴巴，用鼻子
吸氣，盡量地將空氣吸進大腦，感覺鼻腔中涼涼的感覺，呼
氣的時候，要慢慢地呼出，注意體會嘴唇上的那種麻麻的感
覺。」

　　「我們來一起做深呼吸，每一次都想著，吸入妳的快樂，
吐出妳的煩憂。用力呼吸，閉上眼睛，不要睜開，繼續聽我
說，緩緩地說出下面的話：

　　我是一個好女孩，

　　大家都喜歡我，

　　大家都願意接納我，接納我重新回到他們的身邊，

　　所有的人都看到了我的堅強，

　　大家都希望我快樂

　　……

　　做完之後，我溫和地對她說：「慢慢地把眼睛睜開，就
這樣，用眼睛看一看妳的周圍，有爸爸、有媽媽、有我們，
妳現在的感覺怎麼樣？是否很清晰、很舒服？慢慢地坐起
來，就這樣，抱一抱妳的媽媽，好嗎？和媽媽說：媽媽，妳
受苦了，抱抱妳的爸爸，原諒爸爸，爸爸不該打妳，爸爸要

和妳說聲『對不起』。」她開始哭泣，一邊哭一邊擁抱爸爸媽媽。」

干預方式解析：

「放鬆練習加催眠暗示」的主要特點是暗示，人在放鬆的狀態下最容易接受暗示，這個環節裡，我採用了放鬆練習減緩求助者的焦慮情緒並適時地給求助者積極的心理暗示。由於爸爸媽媽開始時的指責，給她的心理上造成了一定的傷害，所以，我設計了讓受害人抱抱爸爸、抱抱媽媽的環節，以整合家庭關係，建立一個完整的家庭支持系統，這對於心理修復非常重要。在心理諮商細節上，我們看到她一直在哭，但是此時的眼淚不再是無助的淚水，而是由衷地感激。

第五個環節：整合社會支持系統

做完這些之後，我把女孩的爸爸媽媽叫到了另外一個房間進行了單獨的心理輔導，目的是讓他們承認傷害的事實，減緩自身的壓力，為求助者提供一個心理修復平臺，改變他們錯誤認知。父母錯誤地認為被人強姦是「孩子自己的錯」，如果不和他們玩，就不會被人強姦了。

我想要他們明白，孩子是因為無知和沒有接受到相關的教育，才會出現不恰當的異性交往的方式。但這不僅僅是孩子的錯，家長和學校都沒有盡到相關的教育責任。特別是在

孩子青春期前，家長應提前進行必要的性教育，提醒異性交往注意的事項。所以，家長也有責任。如今事情已經過去了，後面盡量運用法律去解決，不要把仇恨積壓在心底。不要再對女孩進行打罵和指責，孩子身心健康比什麼都重要。決定情緒的不是「強姦事件」，而是你們對這個事件的看法和處理方式。不是孩子的錯誤，不要以家庭的聲譽為名，往孩子的傷口上撒鹽。要給孩子盡量多的接納和安慰，多抱抱孩子或者撫摸孩子的頭，說話的時候盡可能拉著孩子的手。特別是母親，發生了這樣的事後，首先應該認識到自己教育上的缺失，勇於向女兒認錯，從而建立良好的親子關係，這才更加有利於孩子的健康成長。

干預方式解析：

遇到性侵不可怕，可怕的是那些已經落後的傳統觀念會讓受害人失去親情、友情和愛情。除了對女孩進行援助外，重點要對她的爸爸媽媽進行輔導，糾正他們的錯誤認識，實際上，他們也是事件的受害者。由於主要對象是女孩，所以目標指向是，為孩子提供一個良好的社會支持系統，以利於少女的生理和心理康復。

這個案例取得了很好的治療效果，其中過程控制和氛圍營造產生了關鍵作用。心理諮商師要透過語言和非言語因素來營造良好的氛圍，有時候這些東西發揮的作用比諮商本身

更大。畢竟，對於求助者而言，效果才是真理。

在諮商的過程中，最重要的是建立良好的諮商關係。只有求助者在安全的環境下，對心理諮商師產生足夠的信任，才願意向諮商師傾訴。通常，第一次諮商，最重要的就是讓求助者傾述，諮商師傾聽。透過求助者反覆的述說，達到減緩心理壓力的作用；其次，需要讓家長明白：遭遇性侵是重大危機事件，往往不是一兩次心理諮商就可以解決問題。所以，至少要透過三四次以上，才有比較好的諮商效果。

一般來說，越早對被害者進行心理諮商或心理干預，諮商效果越好。所以，當孩子已經遭遇性侵，家長應儘早聯繫心理諮商師，對孩子進行心理危機干預或心理諮商。不要像傳統的觀點那樣認為，家醜不可外揚，孩子被性侵是一件丟臉的事，以為在家庭內部處理就可以解決問題。如果不及時進行干預或心理諮商，那麼對被害者未來的戀愛、婚姻都可能造成不良影響。

第三章

強暴後的自我面對：我仍然是值得愛的女性

傳統觀點認為，性是一件恥辱的事情。面對被性侵的女性，旁觀者不是同情和理解，而是指指點點，輿論對女孩的傷害遠遠比性侵事件本身所造成的傷害大得多。而一些父母，在得知自己的孩子被性侵之後，不是呵護而是打罵。正是由於這種原因，才導致很多女性在被強暴後，還要面臨第二次傷害，有的甚至用自殺的方式來解脫。在這裡，我要奉勸各位女性，與我們寶貴的生命比起來，任何事情都是小事。所以，無論妳遭受外界多少的冷嘲熱諷，都要正視自己，相信自己是個值得愛的好女人！

第一節
傷害的心靈負擔

經過大量研究，發現性侵帶來的傷害，往往是來自性侵之後的社會和文化制約，給女性造成了很大的精神壓力，在這種壓力下，女性承擔著很大的心理痛苦。那種認為，性侵沒有什麼傷害的觀點，其實是對女性權力的漠視，是在她們的傷口上繼續撒鹽。

性侵所造成的心理創傷，就像一個潘朵拉盒子，沒有人知道從中會釋放出什麼事物。被性侵有可能影響女孩對幸福

和婚姻的追求。她們不能正常的戀愛和結婚。她們不能把自己當成和丈夫平等的一個人，過於遷就和順從丈夫，導致她們在婚姻關係中不能捍衛自己的權利。當遭遇丈夫的家暴或責罵時，她們認為她們不是處女，所以丈夫才這樣對待她們。她們不敢爭取自己合理的權利，而這樣的不平等關係往往會導致婚姻的破裂。

被性侵的女孩就不配擁有幸福的生活，不配擁有本屬於自己的一切嗎？答案是否定的。我接觸的一些被性侵的女性，她們有的能夠進行自我調節，處理婚姻矛盾比較有智慧。她們同樣可以找到珍惜她們的好男人。但為什麼有些被性侵的女孩，會因此失掉自己的幸福呢？這是因為她們無法從傷害中走出來。一般來說，受到傷害後，女性要經歷三個傷害層級。

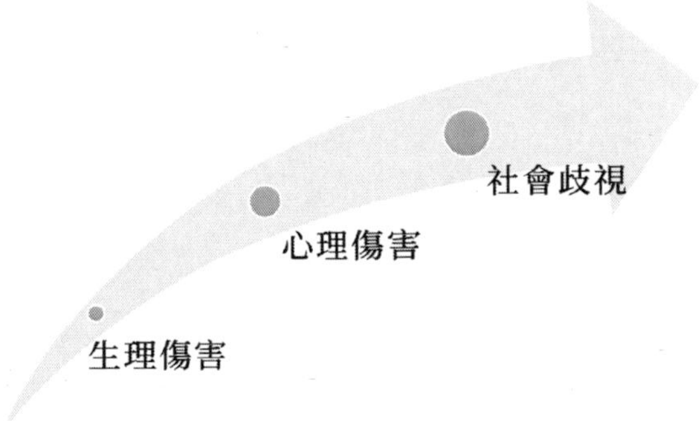

社會歧視

心理傷害

生理傷害

圖 3-1 性暴力傷害的三個層級

第一層級，是身體或者生理的傷害

性侵的肢體暴力，會造成擦傷、瘀傷、撕裂傷以及器官損傷，還會造成婦科性病和炎症，嚴重的會造成生育功能受損或者徹底喪失，以及意外懷孕。很多女孩被性侵後，不敢到醫院進行檢查，怕檢查出什麼問題，怕被別人知道自己的祕密，甚至恐懼是否會染上性病或愛滋病。

第二層級，是心理上的傷害

被性侵會給女性很大的驚恐感覺，沒有安全感。其中最為嚴重的有兩點：

一點是不能正常地與異性戀愛和結婚。被性侵的女性，絕大部分會感到羞恥、自卑和恐懼，陷入自責的情緒中，不敢談婚論嫁，怕對方知道後會看不起自己，會拋棄自己。性侵犯還造成女性對親密接觸的抵制，有些人可以正常談戀愛和結婚，卻沒有得到對方的體諒和理解，而最終分手或離婚。

另一點是不能給他人足夠的信任。在遭受性侵之前，一些女孩是開朗、樂觀、善於交際的，但性侵會讓她們一下子轉變為不願和任何人來往，社交退縮會讓本已受傷需要支持的女性，變得更加孤立無援。一些人能夠從性侵的陰影中走出來，而有些人卻不能走出來，患上憂鬱症甚至自殺死亡。

第三個層級，是社會方面的歧視

在遭遇性侵之後，因旁人的態度而遭遇二次傷害，是非常普遍的事情。特別是在某些地方，因為存在一種根深蒂固的貞節觀念，對於女性來說，這是一種沉重的壓迫和傷害，對於那些被強暴者，更是如此。

傳統認為，性是一件恥辱的事情。女性沒有把自己的貞節保護好，會遭受社會的歧視，這是很多女性選擇忍氣吞聲的原因，使得犯罪分子逍遙法外、繼續作惡。面對被性侵的人，旁觀者不是同情和理解，而是指指點點，輿論對女孩的傷害遠遠比性侵事件本身所造成的傷害大得多。而一些父母，在得知自己的孩子被性侵之後，不是呵護反而可能是打罵。

在國外，雖然也有很多人選擇沉默，但若公開談論自己遭遇性侵的經歷會受到支持和鼓勵，被視為勇敢的行為，公開經歷後仍然能夠過原來的生活。她們的親人或丈夫不會因此歧視她們，反而更加呵護她們。

「性是恥辱的，女性應該保持自己的貞潔，被強暴女性也有錯誤。」，正是這些非議制約著女性思想，箝制著她們的靈魂，讓她們喘不過氣來。因此，女性要想從中走出來，就得明白自己是受害者，自己本來就沒有錯。要相信即使遭遇性侵，但還是好女人，依然值得擁有幸福和愛情。

實際上，很多女性要面對來自社會的歧視和壓力，這些壓力是對女性的第二次心理傷害。這種來自社會文化的傷害，對女性造成的心理傷害，是最為可怕、最為持久的。身體的傷害是可以治癒，但心理的傷害，卻很難恢復。

很多女性選擇沉默，不敢報警，更不願意接受心理治療。這樣做的後果，除了讓犯罪分子繼續逍遙法外，還造成自己的心理創傷長時間不能得到治癒，最後很難治療，一些人走上了自殺的道路，不得不說這是一件非常可惜的事情。

女性如果不讓社會文化影響到自己，那麼透過一定的心理分析和治療手段，能得到很好的宣洩，其背後的根源也能得到較好的梳理。性侵本身所造成的多數心理疾病，並不是很嚴重，只要採取合適的調適方法，多數可以得到較好的康復。現在有越來越多的人和團體關注這些遭遇性侵的人。透過相關婦女保障機構，均有機會獲得幫助和支持。特別要注意選擇那些有經驗和愛心的心理諮商師，他們的支持和幫助能促進遭遇性侵的女性盡快恢復健康。

第二節
自我治療，寬容自己

被性侵的女孩，一旦被社會公開，會面臨著一些潛在的或者說不明白的思想毒害，比如說「她默許了」，「她已經不是處女了」，「她渴望發生性關係」，「只有壞女孩才被性侵」等等的誤解，這種誤解會對女孩以後的生活和工作帶來非常大的壓力。

社會觀念對遭遇性侵害女性的影響常常來自以下三個方面。

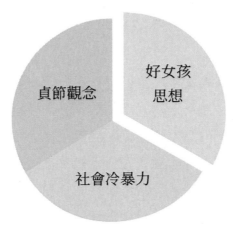

圖 3-2 社會觀念對遭遇性侵害女性的影響

♀ 第三章
強暴後的自我面對：我仍然是值得愛的女性

1. 貞節的觀念

現代社會，對女性貞節的要求在逐漸的降低和淡化，但是在很多人心中，貞節的影響還是很大的，尤其是經濟和文化都不是很發達的地區。如果一個男性對於完美愛情很重視，那麼對於女性的要求就會更高。在我諮商的個案中，有些男性因為婚後知道妻子不是處女而耿耿於懷，並以此為藉口發生外遇，甚至導致離婚。特別是在偏僻落後的地方，一些男女對貞操還是非常在意的。

我在給某大學上「婚戀指導課」時，詢問他們對貞操觀的看法，多數男生表示不會太在意妻子是否是處女，但還是有些男性堅持結婚要找處女。由此也可以看出，還是有一些人對於女性的貞操是在意的。

2. 好女孩的思想

沒有了貞節的女孩不是好女孩嗎？顯然不是，但在很多人的潛意識中，確實是這麼認為的。這種思想對女孩的毒害非常大，給她們的壓力也很大。現代社會雖然越來越開明。一些性學家提出，性人權、性自主權、身體自由支配權等。他們認為每個人的身體是自己負責的，甚至婚後也是如此，但對男女貞節的要求始終是兩種標準。因此，一些女性由於遭遇性侵就被認為不是好女人，難以遇到珍惜她們的男人。

3. 社會的冷暴力

　　可能女孩或者是另一半都不太看重女孩以前是否被性侵這一事實，但社會的冷暴力卻將這一事實，加倍放大，從而帶給當事人非常大的羞恥感，影響其工作和生活，長時間被其影響就會變得精神憂鬱。一些遭遇性侵的女性，總是認為自己不再是優秀的女人，不敢追求愛情。她們認為自己不再純潔，因此，在精神上折磨自己。

　　其實，不管是貞節的觀念，還是壞女孩的觀念，都來自社會的規定和建構，只不過當女孩在思想上認可了之後，反過來成為傷害自己的匕首。有些女性不寬容自己，發生性侵事件後，常常責備自己，無法從自責中走出來。其實，人最應該寬容的是自己。尤其對於被性侵的女性來說，自己沒有錯，不必用別人的錯誤懲罰自己一輩子。那才是對自己真正的傷害。即使遭遇性侵，我們一樣還是值得愛的。要想獲得別人的愛，首先我們要愛自己。

　　除此以外，給女性帶來傷害的還有一些社會冷暴力。說到社會冷暴力，主要是透過社會管道實施的暴力形式，其表現多是冷淡、輕視、放任、疏遠和漠不關心，致使被性侵者精神上和心理上受到侵犯和傷害。社會冷暴力，其實是一種精神虐待，女性只有不斷提高自己的修養，才能盡可能避免生活被冷暴力所破壞。

　　社會冷暴力包括四點：一是家庭冷暴力，即丈夫知道妻子被性侵後，所採取的交流降低，停止或敷衍性生活等；二是職場冷暴力，即冷落或者打擊被性侵者，可能伴隨著言語上的傷害；三是學校冷暴力，即同學疏遠或者欺負被性侵者，不與其交流和合作；四是其他形式的冷暴力，普通民眾對被性侵者，不是同情和關心，而是冷漠和情感的淡化。

　　性侵案的第一次傷害的實施者是性侵者本人，那麼第二次傷害的實施者，就是民眾。這是非常值得人們深思的。如果懲罰實施者，是維護法治正義的要求，那麼，對受害者的行為指指點點並以此為奇聞而津津樂道的，就背離了良知與倫理的範疇。這源於普通民眾都有一種窺祕、尋奇、獵豔、尋求感官刺激的心理。所以，社會要多些同情心和憐憫心，對受害者應當有一個最起碼的尊重。

　　為什麼民眾會對性侵受害者進行二次傷害呢？

　　在一項心理學的研究之中，人們在實驗中接收到的資訊具有死亡的意味時，他們會去責怪那些顯然無辜的受害人，因為他們給自己帶來了負面資訊，讓自己變得不安全。所以當環境中存在著讓人恐懼的因素時，人們更加會努力去重建秩序，包括進一步去粉飾太平。

　　有一個理論叫做恐懼管理理論，也就是說當產生恐懼時，人們便有自保的本能。所以在面對性侵或者死亡這樣的

潛在威脅時，人們透過種種認知方法來幫助自己調整他人造成的焦慮感。其中之一，便是努力去遵循社會規則，以及更加嚴厲地對待那些打破規則的人。

性侵是一種非常具有威脅的事件，它能帶給人們恐懼，挑戰人們的自我認知。而個體往往傾向於認為自己是特別的，也就是常說的「沒想到這種事也會發生在我身上」。人們經常認為，人們的軟弱導致了他們的惡，所以他們嚴厲地對待挑戰人們認知的人。

按照這種邏輯，責怪受害人能夠緩解他們的恐懼，認為會受到傷害的人是打破規則的人，比如說穿短裙的、在夜間出行的、喜歡打扮的，隱含的一個邏輯便是如果我不這樣做，或者我教導我的孩子親人不這樣做，我們便不會受到傷害。

改變舊有的觀念，對於社會而言不是一朝一夕可以做到的，但對於個人而言容易得多。性侵擾亂的不僅是社會秩序，更是對女性權力和尊嚴的侵犯。女性朋友們首先需要從「自我」來進行自我救助，清楚自己是「受害者」，明白「事情已經發生，再自責也是無濟於事」，重要的是如何讓自己振作起來，開始新的生活。

女性可以用「我是世界上獨一無二的我，我愛自己，除了愛自己的優點外，也要包容自己不完美的地方」這樣的話

來自我安慰，以讓自己的心靈變得更加強大，使自己避免受
到進一步的傷害。

第三節
在愛中尋求理解

　　家是愛的港灣，女孩被性侵後，理應得到理解、幫助和
拯救。但家庭成員本身又是性侵行為的一個實施者，在一些
案例中，施害者就是父親、繼父、哥哥等人。女孩天生有維
護家庭名譽的心理，一旦發生性侵案，首先想到的是，一旦
家庭知道了，會不會給家庭帶來傷害。其他人會怎麼看待這
個家庭，而家庭成員包括爸爸、媽媽、哥哥、姐姐等，是理
解和幫助自己，還是冷眼傷害自己。實際上，很多受害人，
迎來的是家庭的暴力和冷暴力。

　　但事實是，如果有女性遭遇家中親人的性侵，那麼被性
侵者在家庭中的處境是非常尷尬的，她們不但不會得到家庭
的理解和同情，反而會受到再一次傷害。很多女性被性侵
後，選擇不報案，不僅是維護自己的名譽，更是為了維護家
庭的名譽，才選擇了集體沉默。尤其是在遭遇親生父親性侵
時，女孩往往為了維護家庭的穩定，不敢告訴母親自己遭遇

性侵的事實。我接觸到親生父親性侵女兒的案例中，她們都沒有將此事告訴母親。

她們對我說，擔心母親知道後，如果父母離婚，那麼家裡的弟弟妹妹、還有母親的生活怎樣得到保障。她們常常會選擇輟學，外出打工，遠離父親。由於年齡較小，她們又常常會成為不法分子傷害的對象，有的因為年幼沒有知識和技能，最後淪為性工作者。

一個健康美滿的家庭是一個人安生立命的重要依靠，對於被性侵者更是如此。當你看到一個明星遇到一點緋聞，她的另一半馬上出來支持她的時候，你就明白家庭對於一個人成功的重要性。沒有了家庭的支持，一個人很容易倒下。

不管是東方還是西方，維護家庭和家族的榮譽都是非常主流的思想。如果一個人的思想傷害到家庭和家族聲譽的時候，家庭和家族的當權者，就有可能採取一定的措施，強力要求當事人按照家庭和家族的利益來選擇自己的立場和行為。

很多時候，這種犧牲個體的利益，維護家庭和家族名譽的行為，是值得提倡的，能帶來積極的作用。但另一些時候，一些對當事人進行二次傷害和打擊，也是因為家庭和家族的利益。

一般來說，家庭冷暴力都是在夫妻之間存在。但研究發現，對於那些被性侵的女孩，在以後的生活中，相當長的時

間內，會面臨著家庭冷暴力的影響，並且只能默默地忍受，從而對身心造成很大的傷害。

家庭暴力是當父母得知自己的女兒被性侵之後，怨恨她沒有很好地保護好自己，沒有聽從父母的話，而採取的肢體打擊。一般表現為輕視、疏遠和漠不關心，帶給受害者一定的心理壓力和傷害。

很多女孩被家庭成員性侵後，害怕遭到成員的再次打擊，尤其害怕自身行為和經濟受到影響，遭到控制，所以選擇不報案。

來自家庭的不理解和冷暴力，是女孩被性侵之後最為害怕的。只要有家庭的理解和幫助，其實女孩就會感到溫暖和安慰。家庭造成的巨大心理壓力，會讓當事人接近崩潰，伴隨著隔閡和不信任，一些人要麼選擇輕生，要麼走上自甘墮落的道路。

一名高三的女生，和班上其他兩名女生在國慶放假期間，與另外三名英俊的男網友見面。大家一起吃飯、唱歌玩得很晚。由於回家的公車已經沒有了，三名男網友提出在附近開兩間房，女生一間，男生一間，第二天早上再回去。

女生同意了，開好房後，三個男生敲開女生的房間，說睡不著，想繼續聊天。女生開門，三個男生將她們輪姦後控制起來。第二天帶她們到外地，讓她們從事性工作。三個女

生不願意，他們就打罵她們，繼續輪姦她們。

此後，他們乘坐計程車帶女生到外地，而她們多次向外求助無果。直到一個女生從二樓的廁所跳下，三個男的才逃跑了。女生們獲救，但那個跳樓的女生，腳折斷了，在醫院還沒有治療好就被父母接回家，因為家裡沒有錢支付醫療費。

那個跳樓的女生無法繼續去學校讀書，腳化膿也沒錢治療。父母對她非常怨恨。一方面，父母認為她被性侵讓全家人丟臉，被人看不起；另一方面，她腿折斷後住院治療，讓家裡到處借債。從此，這個女生不僅要忍受身體的傷害，還要承受心理的折磨。

身為受害女性，要想辦法在家庭裡尋找關愛。而父母身為子女的法定監護人，對子女負有不可推卸的撫養、教育的責任。父母對子女的撫育應當是從精神上、物質上、經濟上對子女盡養育和照顧之責，這種養育和照顧是子女賴以生存、成長的基本保障，缺少了這種保障，子女是不可能健康成長的。

如果家庭成員是性侵行為的實施者，母親可以有很大的保護作用，在這樣的家庭中，一旦沒有了母親的支持，女兒就會孤立無援，從而只能逆來順受。都說母愛是偉大的，她對子女的呵護和關愛是無條件的。對於被性侵的女孩來說，母愛的偉大之處顯露無遺，如果獲得了母親的支持和理解，更有助於女孩從被傷害的陰影中走出來。

家庭對孩子的影響，無論是正面的還是負面的，都將伴隨著孩子的一生。不同的家庭教育會對孩子產生不同的影響。在目前，家庭教育在避免女孩被性侵方面發揮的作用，應該說非常沒有作用，尤其是沒有性暴力的安全和防治教育。

家庭性教育對女孩以後的戀愛和安全可以產生非常好的作用，但很多家庭礙於面子，認為父母給女兒做性教育，有點尷尬，於是很多家庭，乾脆不給子女做家庭性教育，還有一種就是父母教育程度低，尤其是農村和邊遠地區，父母根本就不了解家庭性教育，所以孩子的性教育，就處於嚴重缺失的狀態。

女孩被強暴後，能不能獲得家庭的理解和支持，能不能在家庭這一關獲得解脫的力量，是女孩走向自我療癒的關鍵一步。如果一個女孩的家庭氛圍比較健康和積極，女孩就不會受到很大的傷害，相反，受到的傷害可能就會非常大。

第四節
不能輕視的校園性侵

根據一個未成年研究機構對多年來新聞報導的整理，發現在幾百例性侵案例中，校園性侵已經占據了近 20%，鄉村更高達 60%，侵害者以老師和校長居多，約占 70%。校園性

侵害呈明顯增長趨勢的同時，也有低齡化的現象，幼童更容易成為對象。

　　類似教師性侵學生的案例，很多時候，學校為了他們的整體利益，往往選擇不報案，因為報案會影響學校的招生或聲譽。所以，他們常常願意私了或不處分性侵犯。在我諮商的個案中，幾乎只要是牽涉到老師性侵，一方面，有些學生擔心報案後遭遇二次傷害，所以選擇不報案；另一方面，學校為了維護他們整體利益，也不會報案。

　　某男教師長期性侵本校女生，最後一次被性侵的女孩神情恍惚，被一個暗戀她的男生注意到後，女生告訴了他真相。男生提出讓女生告訴學校，開除那個老師。可女生不願意，她擔心受到其他同學的非議。最後，男生將此事告訴了學校。校方向女生了解事情的經過，女生只好如實講了自己被性侵的事情，但希望學校不要公開。她只希望自己不要上那個男教師的課。因為再次看到他，她很痛苦。學校最後尊重了女生的意見，僅僅將那個任課老師換了一個班級，並未對那個老師做出任何處理。

　　在被性暴力傷害後，女生本來就非常害怕被社會曝光，她們往往本能地選擇沉默。學校、老師、同學們的錯誤態度和作法，會讓事情進一步惡化。其中有一個例子，學校在得知事情後，居然會商量著讓同學轉學，那麼以後的所有性侵

案件，學生都會採取沉默應對。我諮商過的案例中，就有這樣一件事：

　　一個 15 歲女生遭遇三個青年輪姦。我希望她報案。但她告訴我，在他們村裡，遭遇性侵的女生很多。學校和家長知道後，都會選擇私了。通常性侵犯給女生幾千元賠償就算了。所以，幾乎女性遭遇性侵後，寧可自己默默承受，也不會告訴家人。即使懷孕，也是偷偷去做人流，不會告訴家人和學校。因為告訴家人和學校後，並不會懲罰性侵犯，反而鬧得滿城風雨，導致女孩無法做人，將來找對象都很困難。

　　對於女孩來說，之所以不敢聲張此事，是因為壓力太大。老師基本和學校是站在一起的，除此以外，還有來自同學們的壓力。同學們在得知他人被性侵之後，會在潛意識中認為，這個人的人品和作風是有問題的，即她可能不是一個好女孩，從而選擇保持距離，不會與受害人親密接觸，沒有朋友和同學的關心，受害人的心理就會受到很大震動，覺得孤單和落寞，有進一步憂鬱的跡象。

　　學校和老師的壓力、轉學甚至是退學的壓力、同學們疏遠的壓力，會讓女孩們選擇妥協和退讓，以求明哲保身。這就是校園性侵和性暴力不斷蔓延，甚至有愈演愈烈之勢的原因。

圖 3-4 校園性暴力不斷蔓延的四個原因

總結出來，主要表現如下：

1. 受害人迴避

在社會上，大家都認為被性侵是一種恥辱，在學校裡面也是如此。學生害怕會招致別人的指責「行為不檢點」，所以集體「失語」。但社會大的環境和氛圍，本應是鼓勵受害者站出來，不要做沉默的羔羊，任人欺凌，大膽指認他們，讓他們得到應有的懲處。

學生年齡小，尤其是那些未成年人更是如此，沒有什麼經驗和閱歷，女孩膽子又比較小。關鍵是她們在學校中，是弱勢群體，校長、教授、老師等，地位上都比她們「大」，在教學和行政資源方面，明顯有掌控學生的地方。

教師本來是一個神聖的職業，現在地位卻在不斷下降，不得不令人擔憂。教師的師德非常重要，不僅僅是教授一點

知識就可以的，對那些品行不良的老師，學校應該堅決打擊，開除那些不收斂的教師，而不是調到其他地方。

2. 學校不作為

為了維護學校聲譽，學校害怕發生性侵事件，不管性侵發生緣由如何，一旦發生，就會引來社會輿論的指責，一些上層的位子就可能坐不穩。所以，性侵事件發生後，一些學校會包庇醜聞，包庇施害者，並勸受害人同意私下和解。

一些學校，甚至同意給受害人一些錢財，或者其他利益，讓其轉學或者退學，使得受害人處境更加惡劣，處於孤立無援的境地。在校園性暴力方面，學校明顯不是學生的保護神，由於缺少專項資金和政策，更多的時候，不僅是鴕鳥政策，更會打壓受害人。

2014 年，哈佛大學設立了反性侵機構，調查學生有關性問題的投訴，該機構的報告包括調查結果和措施建議。這一政策轉變再次顯示美國大學正在著手應對外界對於大學校園「性侵文化」的普遍擔憂。

拘泥於傳統的「陌生人性侵」理論，學校在防範這類問題上僅僅只是針對陌生人採取了某些措施，比如鋪設路燈避免「黑燈瞎火」，派遣保全避免「人跡罕至」，安置報警警鈴防範「陌生人」，對於熟人性侵則缺乏應對措施。

3. 缺乏性教育

頻發的校園性暴力，考驗學校的性教育。受傳統觀念的影響，學校的性教育，尤其是性暴力防治教育，處於盲點或者嚴重不足的境地，青少年透過正規途徑受到的性教育十分薄弱，培養兒童性心理更成了空白，使得學生只能透過網路、媒體等途逕自我探索。而網路資訊常常充滿了色情味，甚至一些不良的資訊誤導學生。

教材也是很少或者沒有，尤其偏鄉地區，更需要普及兒童性暴力防治，提高偏鄉兒童及其家長性暴力防治意識。

一些犯罪分子，是性教育缺失和滯後結下的惡果。他們的青春期正規的性教育嚴重缺失，這使得他們的性價值取向在萌動期即出現偏差，對於性慾望缺乏自制力。青春期男性的能量巨大，如果缺乏正確的引導或是沒有培養他們管理性慾望的能力，那麼他們就會任由能量控制自己，最終可能做出傷人害己的行為。對於受害人，由於性教育的缺失，讓她們不懂得抗拒與防範性侵害，不懂得自我保護，缺乏防範思想和行為。

4. 法律不完善

法律存在漏洞和不完善，尤其是對受性侵未成年人的法律保護，致使對受害人法律援助很困難。

♀ 第三章
強暴後的自我面對：我仍然是值得愛的女性

　　被性侵後，學生一般有三種途徑來解決事件，分別是私下和解、向相關教育部門舉報、透過法律的途徑起訴。透過第一種途徑，成功的話可能得到一筆賠償，但不成功的機率也非常大，還會不斷地遭到心理的傷害。而實際上，很多性侵案件，是沒有什麼和解的可能性的；第二種途徑，如果向教育部門舉報，則會整治該學校，教育部固然會強力干預迫使學校全面改革，但受害者卻可能無法從中獲取賠償；第三種途徑，學校也可能會庭外和解息事寧人，更重要的是私人訴訟獲賠的標準和難度會讓每個受害者望而卻步。

　　有一次，我到某小學開了一場女童性教育的講座，之後做了一個問卷調查。我將問卷調查帶回家後，發現一個9歲的女生遭遇了男老師的性侵。於是，我將此事告訴了相關部門。沒想到，此後，他們將我列入黑名單，不再允許我進學校辦性教育的講座。因為得知該校發生了性侵案後，學校受到了主管機關的懲戒。他們說，我沒去他們學校，他們年年被表揚；我去了卻受到懲戒，影響了他們被評為優良學校。

　　學校是學生主要活動場所，大部分時間除了在家裡，就在學校裡，但因為有些學校不作為，教育不到位，職責人員的犯罪現象日益增加等，讓學生面臨的困境更加嚴重。學校顯然已經不是防範性暴力犯罪的天堂，家長必須認清這一點，加強對自己子女的性安全教育。

第五節
建立寬容社會環境，支持受害者

　　日漸開放的社會氛圍，提高了女性的地位，但由於傳統落後思想的影響，對於被性侵的女性另類看待，卻依然是非常嚴重的。為什麼，那麼多的女性在被性侵後，選擇沉默和不報案呢，因為害怕來自社會的種種壓力。包括輿論在內，表面上支持受害者，但在實際上卻是在對受害者進行二次傷害，不得不說這是非常值得思考的問題。

　　有些的女孩雖然非常優秀，但如果她曾經遭遇強暴的訊息被傳開後，影響到男性與她結婚的意願。因此，我們希望男人應該樹立正確的愛情觀、家庭觀等，不要被傳統禮教和貞操觀所影響。在這一點上中西方文化有很大差異。

　　小麗的父親患有思覺失調症，母親不堪忍受父親的折磨和家庭的貧困，離開了這個家再也沒有回來。失去了母親的保護，姐姐成了小麗唯一的依靠。

　　有一天，姐姐不在家，小麗被父親性侵了。恐懼和害怕讓小麗乞求比她大兩歲的姐姐帶她離開這個家。那年姐姐 15 歲，小麗 13 歲。她們離開家後，因為沒有技能，年齡又小，最後姐妹倆只好選擇在髮廊工作，並從事性服務工作。

　　小麗一直渴望有一個真正愛她的人，帶她離開。雖然有
一些男人同情小麗，但沒有一個人願意和她結婚。直到她遇
到一個德國年輕人約翰，他知道了小麗的遭遇，他愛上了單
純可愛的小麗，並鼓勵小麗去學英語。此後，他們之間可以
用英語交流。約翰沒有歧視小麗，並把小麗的遭遇告訴了他
的父母。他們也沒有歧視小麗。

　　22 歲那年，小麗去了德國，和約翰結婚了。他們的婚姻
得到約翰家人的祝福。小麗如今已經 35 歲了，她告訴我，在
華人社會，雖然很多男人說愛她，但因為她的遭遇，沒有一個
人願意娶她。但約翰，卻一點也沒有嫌棄她。和約翰結婚後，
小麗生了一對兒女，他們一直在德國生活，日子過得很幸福。

　　這也許就是文化帶給我們的差異。女性在被性侵後，通
常會面臨的困境有以下幾個方面：

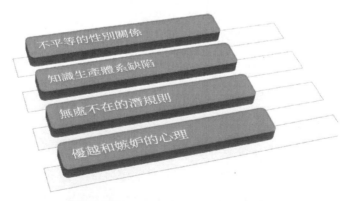

不平等的性別關係

知識生產體系缺陷

無處不在的潛規則

優越和嫉妒的心理

圖 3-5 被強姦女孩面臨的四個社會困境

1. 不平等的性別關係

雖然近幾十年來，一直在宣傳男女平等，但男尊女卑的思想還是有很大影響的。社會對女性的處女要求遠遠勝過對於男性的要求。為什麼僅僅只是對女性有處女的要求，對男人卻沒有這種要求呢？這方面與傳統文化教育有關，雖然如今女性的地位也逐漸提升，但在一個男性權力主導的社會，通常會對女性進行壓制。

要真正做到男女平等，這條路還會很漫長。正因為男女無法做到真正的平等，所以當女性遭遇強暴後，往往不敢大膽地透過法律等途徑保護自己，因為很多女性擔心一旦遭遇性侵的事件曝光，對她們未來的婚姻通常都會產生不良影響，甚至遭到歧視或其他不公平的對待。

2. 不成功的知識體系

很多時候，媒體宣傳和知識生產，看似在幫助女性說話，但實際上卻產生了壞的作用。如最後一根稻草般，暴露了一個也許更深層次的時代意義。這種生產體系依舊是站在男權的角度上進行的，比如對性侵案件的報導，不管是寫的人還是看的人，很多是站在獵奇、獵豔，滿足自己的性好奇的角度來進行的，看似是在否定犯罪人，客觀上卻造成了相反的效果，使得媒體的報導誤導了大家。

　　當一件性侵案例發生之後，人們首先想要的是女性有沒有不注意的地方，有沒有不檢點的地方，其次是女性應該怎樣做，才能不被性侵，而施害者常常被放到無足輕重的位置，最後不了了之。因此，媒體報導後，常常會對受害的女性產生一些負面的影響，甚至影響她們未來的婚姻和生活。

3. 優越和嫉妒的心理

　　性侵事件發生後，人們往往抱著獵奇的心理，後來指責大於同情，疏遠大於拯救。為什麼人們顯得這麼的冷漠和殘忍呢？

　　心理學認為，人都有自私的一面，其光明和正義的一面，沒有得到激發，而天生的優越和嫉妒心理，使其感到自己比被受害人強很多，事情多虧沒有發生在自己身上等思想，居高臨下的角度看待這件事情，自然同情心就少了，更有甚者就做出了再次傷害受害人的事情。

　　還有旁觀者效應，它是一種社會心理學現象，指有他人在場而沒有對受害者提供幫助的情況。救助行為出現的可能與在場旁觀人數成反比，即旁觀人數越多，救助行為出現的可能性就越小。討論性侵案件的可能很多，但其實真正願意參與救助的卻很少。

　　人們在小機率事件的影響下，總認為性侵是一個發生率

非常小的事件，一旦發生往往就下意識地認為，當事人是不是有什麼不檢點的行為，並慶幸它沒有發生在自己身上。而且當被害人非常漂亮的時候，一些女性甚至會產生嫉妒的心理，認為其活該。

　　深挖性侵女孩的社會因素的時候，你會發現，很多東西都不像是表現那麼的光鮮和美好，不管是媒體宣傳還是大眾觀點，都存在著各種似是而非，甚至是顛倒黑白的現象。加害者逍遙法外，沒人聲討；受害人卻遭到再次傷害，沒有得到同情。人們之所以會有這樣的心理，是因為性侵事件發生之後，社會輿論會在潛意識中，有一個很明顯的對比。表現如下：

圖 3-6 人們對性侵的態度

1. 對犯罪分子很寬容

　　女孩被性侵後，不報案，報了案抓不到犯罪分子，抓到了犯罪分子懲罰得很輕微，大眾不是不能忍受，反而往往是主動這樣做。比如，學校在發生性侵案件後，主動要求和女

孩和解，並勸其轉學等。對犯罪分子的寬容就是姑息養奸，誰都明白，但對於性侵案件而言，大眾的矛盾心理，雖然都承認不是好事，卻認為它沒有那麼嚴重。

　　一個 53 歲的婦女帶著兩個外孫一起生活。一天夜裡，一個男人爬窗進入她的房間，想要性侵她。她拚命反抗，並開燈，大聲呼救。男子關燈，並用刀砍傷她後爬窗逃跑了。而她右側的臉被整塊砍下，三節手指被砍斷。她讓外孫去向鄰居求助。雖然生命保住了，但她處於極度憂鬱之中。諮商時，她告訴我，因為生育四個女兒，沒有兒子，她一直被村裡人看不起。等到幾個女兒出嫁，他們的日子好起來時，丈夫又因病過早離開了她。沒想到，現在又遭遇這樣的事。我問她，如果知道罪犯帶著刀，她會反抗嗎？她說不會。至少不用像現在這樣成為殘障人士。而且，過去還能幫女兒帶外孫，現在，外孫看到她總是很恐懼。因為那天晚上，她臉被砍下的樣子很恐怖，兩個外孫都被嚇壞了。到現在，看到她都是遠遠地躲著她。而且，村裡人對此議論紛紛，什麼難聽的話都有。還有人說她可能和那個罪犯有姦情。如果不是家人一直開導她，她真的不想活了。至今事情已經過去半年了，犯罪分子還逍遙法外。沒有人去譴責那個罪犯，反而很多人像看笑話一樣，嘲笑她這麼老了還被性侵，說那個罪犯真傻，怎麼挑選她這麼老的人。

2. 對受害人非常嚴格

　　在性侵事件發生後，往往出現一個現象，與對犯罪分子的寬容截然相反，是對受害人要求非常嚴格。妳的行為是不是不檢點，妳穿著是不是過於暴露，妳和犯罪分子之前是不是認識，是不是存在曖昧關係等，如果存在一些這樣的行為，大眾就會認為，這樣的人被性侵是罪有應得，被性侵了活該。所以，才有那麼多的人，在行為上要求女性採取更加有效的措施，保護自己。

　　身為受害女性，當妳知道了這些傷害妳的根源後，不要錯誤地認為「我是一切的根源」，要知道是對方的過錯，妳是無辜的。不要受害後，再繼續傷害自己。只有這樣，妳才能夠把對自己的傷害降到最低，達到自我調適的目的。

第四章

重視性教育：讓花蕾健康綻放

第四章
重視性教育：讓花蕾健康綻放

　　在當前情況下，基本一致的觀點是，家庭是性教育的主角，尤其是對於未成年人的性教育，更是如此。家庭性教育，就是努力為孩子提供一個好的心理環境，按照孩子不同身心發育階段的要求，樹立正確的性意識，獲得科學的性知識，培養健全的性心理。尤其是在防範性侵方面，家長要把科學的性知識和防範措施告訴孩子。教育她們分辨自己所處的環境，用恰當的方式拒絕危險的性行為，以達到較好的保護自己的目的。

　　性教育的年齡並沒有統一的規定，通常認為越早越好，一般在孩子能聽懂大人講的話，能說出性器官的部位，就可以講了。我們認為在幼兒園就可以告訴孩子身體是自己的，有些部位是不允許別人觸碰的。有些家長認為性教育在青春期左右比較合適，我認為這太晚了。最好從孩子已經能明白大人說話、能說出自己的身體器官就開始告訴孩子，他們身體的哪些部位不能給別人觸碰。

　　對於不同的年齡的孩子，要給予不一樣的性教育知識。一般來說，兒童性教育分為四個階段。

　　第一個階段是 0-4 歲，這個階段是身體認識階段，大多詢問的是男女區別，身體器官的名稱以及區別等。

　　第二個階段是 4-8 歲，這個階段是生命起源階段，大多詢問的是生命起源以及與生育有關的問題。

第三個階段是 8-12 歲，這個階段是性知識階段，這個時期孩子有了較強的性別意識，需要了解的內容很多，與性有關的問題都在其列。

第四個階段是 12-16 歲，這個階段是愛的教育階段，大多詢問一些與愛情、婚姻、性相關的問題，他們已經渴望並準備戀愛了。

不同的年齡階段，對孩子講不同的內容，以孩子的的需求和提問為主。如當孩子問我們她是怎麼來的時候？就可以大方地和孩子談性方面的問題。內容是以孩子能聽懂的語言講解，並根據不同年齡講授不同內容。現在有很多關於性教育的書，在幼年時，可以選擇那些圖文並茂的書，孩子能看懂，也容易明白。等孩子大一些，也可以和孩子一起去書店，共同挑選孩子願意看的性教育方面的書籍。

0-4歲	4-8歲	8-12歲	12-16歲
• 男女意識	• 生命起源	• 性別意識	• 戀愛
• 器官名稱	• 生育知識	• 性知識	• 性安全知識

圖 4-1 性教育的階段劃分

第一節
學齡前，教導孩子保護隱私

　　根據一個城市的統計，在所有性侵兒童的案件中，學齡前兒童可能占到七成，可見其嚴重程度。根據性侵害學生案隱率是 1：7，如果有一起性侵案暴露，背後還有 7 起不被人所知。而這個年齡段抵禦傷害能力小，防範意識更加薄弱，又因為年齡太小，性教育不被家長所重視。

　　性侵案在老師之中也較多，儘管教師侵害學生案占總體案件比例尚未有完整統計，但具有「隱蔽性、長期性」。基於個別罪犯利用教師職業特殊性與工作之便，長期處於隱蔽狀態，有的假借「身體檢查、兒童輔導」等名義趁機對兒童下手。

　　兒童對性的好奇和探索決定了他們需要教育。性教育是家長們不得不做的功課，兒童在探索自己的身體的時候會提出很多問題，他們有權利獲得正確的答案。家長必須回答孩子的問題，必須盡可能給孩子正確的答案，要用孩子的思維方式去理解孩子並表達給孩子聽。可以從以下幾方面來對孩子進行教育：

1. 引導孩子明確自己的性別

嬰兒出生以後，父母要把新生嬰兒當成男嬰或者女嬰來加以養育。有的家長，把女孩當男孩來撫養，有的則把男孩子當作女孩子來撫養，這都是不正確的性教育。

要盡自己的可能正確回答嬰幼兒的問題，不哄騙他們。比如「我是怎麼生出來的？」這是幾乎每個孩子都會問的問題，可是父母的答案往往是哄他們說：「撿來的」、「石頭裡蹦出來的」、「領來的」；或斥責他們「討厭，羞不羞」，「再瞎問就揍你」，最好點到為止，把性交的概念和有關生育的基本知識用他們能聽懂和可以接受的語言教給孩子，而不是刻意迴避。

年幼時母親告訴我是從垃圾桶撿來的，又說是腋下取出來的，我一直相信。此後，由於家境困難，母親教育方式也有不當之處，就真的認為自己不是母親親生的。大哥戀愛結婚後，大嫂懷孕，我認為生孩子是從腋下生的。看到大哥大嫂他們在公開場合手牽手，我認為這會導致懷孕，並認為他們的行為很噁心，為什麼不注意分寸，還在公開場合手牽手？因為孩子年幼時，相信父母所說的一切都是真的。這導致我直到成年，戀愛後，對性方面的知識一無所知。而那時學校也缺乏性教育，我們也無法獲得有關的書籍。

2. 性器官的知識教育

孩子對性的探索，最開始的就是性器官，所以性器官教育是性教育的第一課。無論是為孩子講關於性的科學知識，還是透過圖片等形式讓孩子了解性器官和生命的來源，都是可以選擇的方式。同時還要教育孩子養成良好衛生和生活習慣。

3. 兒童性行為問題

心理學研究發現，兒童從 3 歲左右就開始對異性有愛戀的意識和行為。兒童中擺弄生殖器的現象十分常見，尤其是男孩子。早期的兒童十分喜歡玩一些被動性動作的遊戲，如讓人搖晃或讓人拋向半空。

相互擁抱、接吻、贈給小夥伴禮物等，都表現了一定的性意識。從很多情況看，這些行為不僅包含著性關係，而且就是在青春期以後對異性的行為也與此相差無幾。這時家長需要根據實際情況，有針對性地展開教育。

一次講座後，一個母親留下了來告訴我，她 8 歲的女兒經常在桌子等旁邊摩擦下體。她發現後，女兒常常會躲避，並感覺不好意思。她也不敢過問。我提醒她，一方面，可能女兒開始有自慰的習慣，因為摩擦陰蒂附近的部位會讓女孩感覺舒服。常常有一些小女孩在爬樹時無意間會摩擦到陰蒂

附近的部位，並產生類似性愉悅感。所以，要提醒小女孩不要用尖銳的物品刺激陰道等部位。另一方面，也可能女孩遭遇了性侵或猥褻。因為，某些行為會給小女孩帶來愉悅感，那麼她就會模仿這些行為。雖然到了青春期，性慾開始旺盛，但此前，觸碰兒童的隱私部位，會給他們帶來愉悅感。比如一些小男孩經常撫摸自己的陰莖，就是這會帶給他們舒服的感覺。所以，家長要平靜地問問孩子發生了什麼，一定不要責罵孩子，否則會引起他們的恐慌，也不會和家長說真話。如果家長不太善於和孩子交流，也可以請專業的心理諮商師和孩子交談。

4. 交往的注意事項

告訴他們，不要和陌生人來往和進行性遊戲、不接受他們的禮物等。在和熟人的交往中，也要注意，不要有過於親密的行為，包括擁抱、接吻等，不要和他人進行任何性行為。告訴他們，自己的身體，哪些部位其他人不可以碰，當有人觸碰自己的身體，尤其是隱私部位的時候，要及時告訴孩子，並遠離這些人。

5. 防範性侵害的知識

告訴他們，任何一個大人在沒有正當理由時，去觀察和觸碰他（她）的陰莖、陰部或會陰部，都是不允許的。如果

某人觸碰他（她）後要他（她）保守祕密時，一定要告訴家長；如果某人觸碰他（她）讓他（她）迷惑不解時，也一定要告訴家長，等等。

還要提一點，傳統上父母都習慣迴避幼兒的問題，當幼兒提出一些性方面的問題時，家長既不要迴避，也不要驚慌，更不能說謊，要用科學的態度和幼兒能夠接受和理解的方式和語言，爽快地、正確地回答幼兒的提問，滿足他們的好奇心和求知慾。從正當的管道獲得科學的性知識，建立對性的正確看法和認識，對身心更加有利。

第二節
小學階段，培養辨識性侵訊號和自我保護

進入小學，老師性侵學生的案件大大增加，尤其是這幾年來年年攀升，不得不引人反思。從媒體報導的案件統計來看，小學生和國中生被性侵基本平分秋色，占據了所有案件的大部分。原來令人敬仰的教師，竟然成為侵害無辜女孩的畜牲，巨大的反差震撼著國人。

在我接觸的個案中，被老師性侵的個案占的比例較大，而且 14 歲以下的女童居多。特別是小學高年級的女生遭遇

男教師猥褻或性侵的個案較多。這些老師往往利用學生對他們的信任和恐懼，不敢將此事告訴家人或學校，導致他們犯案後很少受到懲罰，所以膽子也越來越大。媒體曝光的通常都是已經造成了非常惡劣的影響，或是因為女童懷孕家長發現後才選擇報案。很多的案例並沒有報案，所以這些老師常常不是只對一個女童下手，他們往往會多次對不同的女學生做案。

一個女生，從小學三年級就一直被班主任性侵。班主任是一個30多歲已婚有家室的男人。直到女孩18歲聽了我的講座後才來諮商。她說第一次是放學後，她和幾個女同學一起掃地，後來其他同學走了。老師讓她留下了，就在教室性侵了她，並威脅她不能告訴家裡人。此後又多次在辦公室、老師宿舍等地性侵她。但她一直不敢告訴家人。她說，直到現在放假回到家鄉，她還會遇到那個老師。她覺得很噁心，經常繞道離開他。可以想像，她的那個小學班主任也許性侵的不僅僅是她一個女生。

教師的職業，早就變得不再神聖，家長不要總把老師當作神聖的職業來看待，覺得老師的道德都是很高的，是不會做出什麼禽獸事情來的。老師、班主任、校長等，這些也都是需要防範的對象。當老師的舉動有些奇怪，令孩子感到不安和害怕的時候，就要引起注意了。

老師性侵小學生，往往都不是一個人，有些都達到了 10 人以上，其危害性是巨大的，隱蔽性、長期性是其特點。這裡要提醒偏鄉兒童的家人，因為交給爺爺奶奶等親人撫養。爺爺奶奶因為年事已高，難以覺察到孩子的身心變化。這些孩子常常成為犯罪分子猥褻或性侵的對象。特別是缺乏必要的性教育，一旦他們受到性侵，他們不懂也不知怎麼辦。因此，偏鄉兒童遭遇性侵的案例也在逐年遞增。這需要引起我們的重視，盡量創造條件讓孩子隨父母生活。

兒童保護機構在 2015 年進行了隨機調查發現，除了兒童性教育知識缺乏外，家長對性知識往往認知不清或者不到位。主要問題如下：

超過四成兒童對隱私部位概念認知不清

近六成兒童不知何為性教育或似懂非懂

多數家庭不對孩子進行任何防性侵教育

圖 4-2 兒童性教育缺失的主要表現

1. 超過四成兒童對隱私部位概念認知不清

調查結果顯示：39% 的學生知道內褲覆蓋的部分是隱私部位，23% 的學生知道胸部也是隱私部位，22% 的人認為手、臉、嘴巴、頭髮是隱私部位，合計共超過四成的兒童對隱私部位的概念認知不清甚至不知道。

5% 的學生有過被異性脫衣服或者被觸碰隱私部位，6% 的學生表示經常受到這樣的侵害行為；7% 的學生被人強迫或被引誘觸碰對方的隱私部位；6% 的學生遇到過異性老師或者同學把自己單獨留在教室或宿舍，強迫與自己發生一些令人不舒服的行為。

2. 近六成兒童不知性教育是什麼

目前，性侵害防治仍存在普遍缺失的問題。據統計，僅有 44% 的孩子知道什麼是「性教育」，23% 的孩子不知道什麼是性教育，33% 的孩子選擇「似懂非懂（知道一點點）」。

在性教育的管道選擇上，34% 的孩子希望透過家長接受性教育，30% 的孩子希望透過學校或老師，12% 的孩子希望透過畫冊、書籍等數據，12% 的孩子希望透過夥伴，12% 的孩子希望透過網路。由此可見，孩子對家庭性教育是有期待的。

3. 多數家庭不對孩子進行任何性侵害防治教育

當被問及「生活周邊有無發生過或聽說過兒童遭遇性侵害」問題時，61% 的家長表示沒有聽說過，15% 的聽說有，12% 的人不了解，有發生過或聽說過的占據 12%。59% 的受訪家長表示對孩子身邊的成年異性角色「不太了解」，12% 表示不了解，僅有 29% 的人了解。

39% 的家長從未向孩子講過預防性侵害的知識。家長不對孩子進行性教育的原因由高到低依次是：「認為孩子還小」（42%），「想教育但不知如何開口」（29%），「認為學校會教育」（17%），「怕教壞孩子」（8%），「害羞」（4%）。家長不支持學校對孩子進行性教育原因：53% 的家長認為沒到時候，26% 的家長認為怕教壞孩子，21% 的家長則認為不應該公開談論「性」。

大部分孩子在五六年級或國一時進入青春發育期，女孩出現初潮，男孩第一次遺精。此時的發育知識，是為進入青春期所做的準備。父母可以告訴孩子月經、受精、性交、懷孕、避孕等生殖健康知識，而且無論男孩、女孩都要了解和承擔避孕的責任。同時告訴他們，性行為是隨著年齡的長大，伴隨著遺精和初潮以後才會出現的行為，男女的結合，可以生育和繁衍後代。但也要提醒他們，雖然隨著青春期的

來臨，他們有了生育能力，但並不具備撫養孩子成人的條件，所以，他們要學會管理自己性慾望，培養自制力，不要輕率發生性行為，盡量推遲第一次發生性行為的時間。

另外，還要大大方方地告訴他們，性是一件美妙的事情，如果能以愛情為基礎、在雙方自願、為對方負責任的條件下發生會帶給自己美好的感覺。同時教他們辨識性侵訊號，比如：有人對你做出讓你不舒服的身體接觸；有人給你禮物和錢，要求抱你或摸你，對你過分親熱；有客人來家裡，趁你爸爸媽媽不在身邊，想摸你的隱私部位；有人要你摸他／她的隱私部位；和老師單獨待在一起，對方要求摸你的隱私部位等。當孩子遇到這些事情時，一定要學會拒絕，然後跑到人多的地方，保護好自己，這樣把孩子遭受侵害的機率降到最低。

除此以外，父母或長輩還要告訴孩子，即使最壞的事情發生，即使被性侵，也不是孩子的錯，一定要勇敢尋求幫助，並讓孩子知道，發生任何事情，爸爸媽媽都會愛他（她）、幫助他（她）。要告訴他們，需要防範老師等自己非常熟悉的人，當他們對自己有明顯的性侵訊號的時候，就要及時的自救，並告訴自己的父母，採取一定的保護措施，終止侵害行為。

最後還要提醒孩子，在遭遇性侵或性侵時，做到生命第一。不要為了保護錢財、身體而盲目地和犯罪分子對抗。在一個人沒法獲救時，錢財可以給犯罪分子，必要時身體也給他們。盡量記住犯罪分子的特徵，事後告訴家人，儘早報案。但在與犯罪分子面對時，一定不要說：「我記住了你的長相，我不會放過你」之類的話，因為這可能刺激他們，導致殺人滅口。

第三節
國中階段，啟發避孕常識

研究發現，14 歲左右是性暴力犯罪的一個高峰期，這個時段，正好是學生進入國中以後。國中生的身體和性器官發育已經基本完成，在很多方面表現出成年人的特徵。面臨日漸複雜的社會環境，不但是熟人做案頻發，陌生人性侵，一些具有黑社會色彩的人員和組織，也把他們當作施暴對象。

國中生性侵事件高發，必需引起家長的注意，在孩子性教育、性安全、交友交往等方面都要高度關注，一旦發現孩子有什麼不軌的舉動，就要加以制止。現代社會，越來越多的孩子利用社群軟體與陌生人聊天、見面，這些最初僅僅只

是網路交友，但最後卻可能演變成了性侵案。這也是需要引起我們關注的一個問題。

國中生性行為

國中生在性器官發育方面，已經基本完成，具有了成年人的特徵。透過研究發現，國中生的性行為表現，已經是一個非常普遍的現象，而在小學時期，並不是這樣，主要展現在以下幾個方面。

語言方面，以色情語言緩解性壓力。國國中生之間在語言交流中夾雜著不少與性有關的詞語內容，如「性侵」，一詞的出現頻率非常高，在男女同學之間玩笑、玩鬧、嬉戲時的語言中出現較多與性有關的物品名稱甚至色情類語言。

身體方面，男女之間的親密接觸增多。男女同學之間的親密接觸也較普遍，有單獨的，班級中常常會起閧某一對男女同學；也有群體的，一小群男女同學親密地出入一些公共場所，國國中生中的戀愛現象確實存在。

性行為方面，主動接受性感覺。手淫開始成為國中生緩解性壓力的重要途徑，他們還接受各種性刺激，如玩弄異性物品，有的男孩玩弄保險套，胸罩等物品。有的國中生，觀看色情影片，甚至有自慰器，個別國中生甚至會出入一些色情場所。一些男女發展為戀愛關係，並有了初步的性經驗。

國中生的性心理

國中生正處在身體生長發育的「第二個高峰期」，隨著身體發生了巨大的變化，鮮明的性別特徵開始表現出來。國中生的第二性徵發育明顯，性意識迅速覺醒，從而進入性的活躍期。國中生性心理的發展大體可分為三個階段：

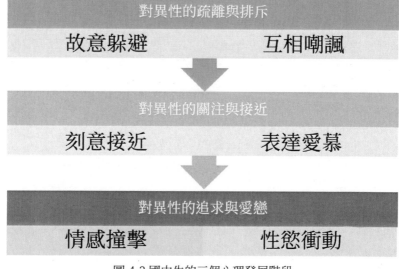

圖 4-3 國中生的三個心理發展階段

對異性的疏離與排斥。這是一段短暫的、引發日後對異性興趣與愛戀的前奏曲。這一階段主要出現在國中低年級，一些人會提前到小學高年級。青春初期，由於對第二性徵發育的不安和煩惱，一些學生會對異性有意疏遠。常表現為：

不願與異性同坐，在活動中躲避與異性接觸，對比較接近的男女同學進行嘲諷等。不過，這僅僅是不安和羞澀的表現而已。

對異性的關注與接近。疏遠與相斥之後，是漸濃的關注與接近。很多人會刻意修飾打扮自己，並以各種理由接近異性。大膽者會從眉目傳情發展到寫紙條，向異性寫信示愛。國中生正處於鍾情、思春的朦朧狀態，其對異性的關注具有明顯的好奇性、試驗性、模仿性和盲目性，其交往指向多是泛泛的，大多是因相互的好感與自然吸引。

對異性的追求與愛戀。隨著對異性關注和接近的增多，國中的學生已經能感受到異性吸引的情感撞擊和性慾的衝動。當這種心理較為專一地指向某一異性時，便有了純潔而幼稚的初戀，並產生相應的追求行為。

初戀的心理，既有歡樂喜悅、痴迷陶醉，也有羞澀不安、疑惑戒備，錯綜複雜。心理學界已不再將過早戀愛稱為「早戀」，而是從人性發展的角度改成為「早練」，即練習和異性交往。雖不反對，但也不提倡。畢竟國中生思想不成熟，情緒波動大，情感不穩定，容易變化，因此過早戀愛既影響學習，又由於感情變化大，容易分手，甚至因為好奇導致性行為或懷孕。

警惕網路聊天、交友

隨著網路的普及，青少年的觀念和交友越來越多受到網路的影響。現在移動網際網路的興起，人們基本可以隨時隨地上網，不再受空間和距離的限制。研究顯示，與十年前相比，男女學生上色情網站、看色情影片的人數成倍增長，對他們的心理產生不良的影響。

無論男女學生，交異性網友的比例都超過三分之一。交異性網友，是一種時尚的行為，也是緩解孤獨、寂寞的一種方式。但網路上的性行為表現、性暴力事件非常多，而國中生卻不懂得甄別，也沒有人指導分辨是非，容易出現人身安全問題。

其中，女生約會被性侵，男生同性性侵的事件和比例都不斷上漲，需要引起注意。除了自身的原因外，家長的性教育缺失，監護不到位，也是重要的原因。在我諮商的個案中，因見陌生網友導致性侵的案例較多。特別是那些單純、很少和外界接觸的女孩，盲目相信陌生人。輕易到網友的宿舍或出租屋，極易遭遇性侵。

小安 15 歲，第一次離開家到外地讀書。上網認識一個 19 歲的男青年。第一次見面，彼此都留下好感。端午節那天，男生再次邀請她外出見面，一起吃過晚飯後，他們散步到一

棟出租屋。男孩說，他就住在這裡，叫小安上去坐坐。雖然感覺不合適，但不知如何拒絕，小安就跟隨他進了出租屋。進去後，男孩將門鎖上，要求和小安發生性關係。遭到反對後，男生用衣架打小安，沒辦法逃走的小安只好屈服。直到第二天，男孩才讓小安離開。我問小安，為什麼會同意到男孩的租屋處坐呢？小安說，因為第一次見面，她對男孩的印象很好，不認為他是壞人，想著上去坐坐就下來，沒想到他會強暴自己。小安的遭遇，與她的單純，沒有自我保護意識有關。

人身安全問題

除了性侵，針對國中生的搶劫、綁架、人身挾持等事件也屢有發生。一些犯罪團夥，會引誘學生去賣淫，並對學生進行身體施暴，造成的危害非常大。這也提醒家長和學生，不要輕易去陌生的地方，不要輕易相信陌生人，更不要為了一點利益，就輕易答應對方的某些要求，和其進行近距離的接觸。不接觸、不接近，就不會受害，防微杜漸和拒絕，往往是對國中生最好的保護。

家長應該教什麼

很多家長覺得性是無師自通的，不需要教授，這是很有害的思想。家長應該主動學習一些性教育的知識，不要不好

意思和孩子談論性的話題，要有針對性地告訴孩子應該注意的方面，使家庭性教育成為國中生積極和健康性教育的一個重要管道。

青春期發育知識。男生遺精、夢遺現象，女生的初潮現象，避孕、懷孕、人流，都應該加以介紹，並告訴他們這些都是正常的現象，不必過於擔心和焦慮。不管是男生，還是女生，只是在這個階段，女生對於月經不規律、胸部發育遲緩等都有些焦慮的情緒。因此，家長應及早給他們講解有關的生理衛生知識。我為青春期學生講生理衛生知識時，幾乎每場的互動環節，都有女生因為月經不規律、兩個乳房發育不一致，乳房發育不豐滿、男生陰莖短小等問題而困惑。

家長需要告訴孩子一般來月經最初的幾年不一定有規律，因為水土、心情、情緒、環境變化等都可能導致月經推遲。兩側乳房發育本來就不一定是一樣大小，乳房發育大小與遺傳、人種、營養、飲食等多方面均有關係，亞洲女性多數乳房不會太豐滿。同時，乳房大小對未來哺乳沒有影響，並不是乳房大乳汁就豐富。而且，男性擇偶標準每個人不同，也不是所有男性都喜歡乳房豐滿的女性。

男生的陰莖大小與未來的生育、妻子的性高潮也沒有必然聯繫。男性多數陰莖都無法達到網路上那些國外男子的大小，因為人種不同。所以，沒必要因為陰莖大小而焦慮。這

些知識都希望家長提前告訴孩子。

　　青春期性是一種巨大的能量，因此，國中生的性壓力開始變大，自慰開始成為緩解壓力的一個途徑，也是正常現象。要告訴他們，緩解性壓力的方法和途徑，比如發展其他的興趣愛好，嘗試將能量轉移到足球等運動以及藝術創作等方面。男生此時因為夢遺、性幻想、春夢、手淫等也有很多困惑。有些男生因為好奇會偷母親的內衣進行手淫。這並不是心理問題，而是緩解性壓力的一種方式。國中女生也會出現手淫等現象，但要提醒她們不能用尖銳的物品插入生殖器官，同時注意私密性，不要在公開場合進行自慰，因為這會引起他人的反感，也會增加自己的壓力。減少接觸色情網站，不瀏覽那些成年人看的性網站，因為這容易誘發性的衝動，增強他們性的慾望。早期的性行為習慣對今後的性生活有一定的影響，就如飲食習慣與我們早年的習慣有關一樣，早期的性行為習慣也會伴隨一生。

　　現在的孩子營養較好，也比較早熟。在我諮商的個案中，男生小學開始自慰的也不少。女生因為瀏覽不良網站，或是加入一些社群群組，受他們影響，也會誘發自慰等習慣，因此家長需要及時進行性教育。

　　小鳳因深夜在宿舍自慰，發出呻吟聲遭到宿舍其他女同學的投訴。那時小鳳轉學過來時已經 18 歲了。我問她什麼

時候學會自慰的。她告訴我，她國一加入了一個同性戀的群組，群裡的姐姐們，告訴她怎樣自慰。所以，從國一開始，她就有自慰的習慣。我提醒她學生宿舍，不能保證她的私密性。所以，希望以後週末回家，在自己的房間不受干擾的情況下，進行自慰比較合適；在學校集體宿舍，最好能克制自己。而且，學校宿舍的環境，也無法完全放鬆，還是回家在自己的房間比較安全。小鳳接納了我的建議。為了不讓小鳳感到害羞，我還告訴她，即使已婚的夫妻，由於一方生病或出差等原因，無法在一起時，也會透過自慰的方式滿足自己。只是要注意自慰時的安全和衛生，需要洗乾淨手，不要用尖銳物品進行自慰行為。這也讓小鳳放下心中的戒備，不再擔心我會恥笑她。

性和愛都是一種能量，需要採取適當的方法進行釋放和宣洩。在不違背道德和法律的情況下，教給孩子適當的宣洩方法，這也是孩子們在「性待業」期間，比較合適的緩解性壓力的方法。此時男女生因為手淫認為自己是壞孩子，不道德等均有壓力和焦慮，因此，普及有關的知識將有利於緩解他們的壓力，解決他們的困惑。另外，由於擔心手淫過度，或是民間所謂的一滴精十滴血等錯誤觀念，也需要向他們說明。男生若擔心自慰過度，都需要及時提醒他們，自慰是一種健康的緩解性壓力的方法，不必因此焦慮和擔憂。

　　一個 20 歲的男生非常焦慮。他說他每天自慰三次以上，感到很累，更擔心其他女生知道他自慰過度，認為他是流氓。他覺得每個女生看他的眼神都不一樣，好像都能看出他自慰次數比較多，認為他是一個色鬼、流氓，所以，他不敢看女生，也不敢和女生正常交往。我解釋說，如果他不告訴別人，沒人能看出他自慰的次數是多少。而且，他 20 歲，已經成年，有性的慾望，又是能量最旺盛的時期，在沒有性伴侶的情況下，自慰是最合適的釋放能量的方式之一，也是非常正常的。我告訴他，男女性慾無法釋放時，都可能採取自慰的方式釋放能量。這是非常正常的。而他的焦慮和擔心是來自自己的想像，並不一定是真實的，並向他解釋了自慰的好處，和應該注意的事項。他聽了後，放鬆了很多。此後，能和女生正常交往。

　　性安全教育，讓孩子有機會了解一些避孕方式，如保險套，告訴他們如何保護好自己。父母應告訴孩子即使意外懷孕，父母也是愛她的，不要讓孩子感到羞恥、害怕，從而去非正規醫院做人流而發生危險。

　　某大學性別研究所所長提出性人權的概念，認為性人權包括性自主權、性平等權、追求性福權等，也提出「只要不傷害他人的性，自願選擇的性，都是好的性，都是合道德的。但這並不是主流社會作為性道德判斷的標準。」但性道

德在不同的時期、不同的文化、不同的地區、不同的國家，有著不同的性道德標準。

我認為，性道德和性倫理，要求我們在尊重自己性人權的同時，也需要尊重他人的性人權，即不能侵犯他人的性人權。如果傷害他人的性人權，我們內心也會受到譴責。因此，我們要培養學生健康的人格，使他們自尊、自愛，能正確處理少男少女之間的情感，培養他們的健康人格，不要因為自己的性自主傷害自己或他人。不管是男生和女生，都應該為自己性行為負責。國中是建立性倫理、性道德教育的關鍵期，家長對此要進行引導。法律規定的性行為規範，應該是我們遵循的底線。所以，也可以和孩子們談談法律對個人性行為的規範。如與 16 歲以下的少男少女發生性行為均視為性侵。

早練教育。心理學界，已經不說早戀這個詞了，而將其改為早練。練習的練，即練習和異性交往。有些家長不允許孩子與異性交往，只要交往就認為他們在戀愛。因此，異性之間從不交往，到大學或工作後，又要求他們趕快找對象結婚，幾乎沒有男女交往的過渡階段。於是，那些聽話的乖乖女工作後，由於缺乏異性交往的經驗，常常容易成為剩女。因此，我們鼓勵孩子從學生時期就要大方自然地與異性接觸和交往，即練習和異性交往。這樣，他們工作後，就自然懂

得選擇合適的戀愛對象，順利進入婚姻。所以，當發現孩子和異性正常接觸和交往時，父母不應粗暴制止，而應多與孩子溝通，告訴他人與人之間有這種美好的感情是正常的，但要學會透過合適的方法表達，或珍藏於內心，或告訴對方，都要尊重孩子的選擇。

　　曉慧父母兩地分居，她從小一直和母親生活，直到國中，轉學到父親那裡求學。因此，曉慧和父親的感情平淡。直到讀高二，父親給母親打電話，說女兒的班主任反應女兒和一個男生關係親密，不僅僅戀愛了還可能發生性關係，甚至不知是否懷孕，讓母親去過問一下。母親很小心地試探著問曉慧，但曉慧還是聽出了母親的弦外之音。她非常憤怒，覺得班主任和父母都十分齷齪，因為僅僅只是有一個男生追求她。一次運動會期間，他們兩人手牽手去買礦泉水給班上的運動員，正好遇到班主任。當時班主任用異樣的眼光看他們，此後，又在班會上含沙射影地說他們兩人戀愛了。曉慧原本還在猶豫怎樣才能拒絕這個男同學，現在見班主任和父母這樣的態度，她第二天果斷地拒絕了那個男同學，同時和父母的關係變得更加惡劣。曉慧來諮商時，對我說了這樣一段話，「我們同學之間的關係很正常，但是你們成年人用那齷齪和骯髒的心態看待我們，是你們成年人的思想太不乾淨了。」

第四章
重視性教育：讓花蕾健康綻放

　　曉慧的話引發我的思考。現代的孩子，不再像我們過去，男女授受不親的年代。他們也許從小就比較大方地和異性正常交往，所以，身為成年人，我們不要一看到男女生在一起，手牽手、打打鬧鬧就認定他們行為不軌。我們過去的教育，要不就是男女不說話、不接觸，要不就是工作後趕快戀愛、結婚，沒有男女正常肌膚接觸的過渡階段，如握手、牽手，兩人單獨看看電影等。這本是男女正常交往的普遍形式，卻被我們認為不正常。

　　我記得讀大學時，一個同鄉與我同乘一條船去大學的學校。那晚有高中的同學送我。他們離開後，那個同鄉很自然地用手挽著我的腰帶我回到輪船上。我當時感到很不自然，覺得他怎麼可以挽著我的腰呢？現在想想，他沒有任何邪念，僅僅是一個很自然的挽腰動作，是我不習慣異性和我有肌膚接觸。這導致我在大學，即使有男同學伸手拉我爬山，我都不敢去拉他們的手，因為我認為，男女不可以這樣接觸。

　　國中時情竇初開的年齡，渴望和異性交往，甚至會產生一些愛戀的想法，可這與成年人理解的愛情不同。這時的愛情更多的是喜歡和好奇。如果家長不壓制孩子與異性正常交往和接觸，他們往往很快就會改變主意，換一個喜歡的對象交往。如果這時家長和孩子談心，了解他們對異性的感情和渴望，不阻止他們在陽光下正常交往，這時的孩子往往只是

喜歡異性，很少會有性的行為或想法。因此，父母可以坦誠地和孩子談談自己當初的感情經歷，理解孩子對愛情的渴望和對異性的喜歡。提醒孩子不要過早發生性行為，一般來說，孩子不會做出過分的行為，也不會對一段感情投入太多。因為愛和性都是一種能量，如果過於壓抑，不讓他們正常流動，也會給孩子造成心理陰影。所以，允許孩子與異性適當和正常交往，但需要家人的正確引導，提醒注意事項等。這不僅有利於他們身心健康成長，也會有利於他們為戀愛、結婚做必要的準備。

交往教育。不要和陌生人交往，不要輕易相信陌生人的話，也不要接受任何的利益誘惑。同時，和熟人交往的時候，要注意分寸，少肢體接觸，不要頻發有親密的動作，防止被人誤解，對熟人性侵的手段和方式，要有一定的了解。網路交友，要注意人身安全。

此時，男女之間的異性交往開始變得重要起來，要堅持適度原則。交往過程中保持適度距離，拿捏好彼此間的分寸，言談舉止要注意分寸。不要過分利用女生的優勢讓男生無條件幫助妳。沒有人會無條件地幫助妳，除非他有目的。所以，女生要掌握適度的原則。

性侵害防治和騷擾教育。性騷擾的表現方式，多發場合，性侵害的部位，面對性侵，如何逃跑等，都應該加以介

紹。約會性侵、熟人性侵、陌生人性侵等，都在這個時候，呈現增長趨勢，需要引起家長和學生自己的注意。

相對於學齡前和小學兒童，國中生的性意識已經覺醒，不管是觸碰還是引誘與他們發生肢體的接觸，甚至是性行為，他們都可以較好地分辨，而不是像以前一樣是無意識的。父母講授得越詳細、越到位，無疑對孩子的幫助也就越大。

要告訴孩子，不管發生什麼事情，父母都是愛他們的，都不要過於緊張，要積極應對。比如發生性侵，不要責備孩子，要一如既往地愛孩子，要告訴孩子這不是他們的錯，讓他們不要有太大的壓力，要配合心理醫生，趕緊加以治療，將性侵危害降低到最小。要反覆地對孩子講，不是一次兩次，只有反覆講，孩子才能引起足夠的重視。

第四節
高中期，教育愛的真諦

高中階段，不論從那個角度看，對一個人都是極為重要的時期。所以，孩子在高中時期，父母更要重視孩子的性教育。因為在這個時候，孩子處於青春懵懂時期，對異性有一

種好奇，而很多父母也不反對子女在高中階段戀愛，只是由於學習的壓力才對他們要求極為嚴格；但也有些父母擔心戀愛影響學習，因而反對子女和異性交往。但哪裡有壓迫，哪裡就有反抗。因此，有些孩子在父母的反對聲中，會背著父母與異性約會、聚會。這種不能在陽光下正常交往的異性關係，反而因其隱蔽性會出現懷孕、人流或是發生性侵的事情。

其實，父母干涉孩子與異性交往，是有些偏頗的。因為正常的異性交往，對於一個人的成長是很重要的。

有一項針對高中的調查，在高中生中，5 人中就有 1 人觀看過色情書籍與影音製品。而在看過色情讀物的高中生中，有 15.2% 學生發生過性行為，其比例是沒看過色情讀物而有過性行為學生的 5.4 倍，說明性行為與色情讀物誘惑有直接關係。有過性行為的學生，其中 40% 的人，由於性經驗不足，沒有任何的安全防護措施，導致很多女孩墮胎，嚴重影響身心健康。由此可見，對於性的安全教育，是多麼重要。

性是一種能量，男女對性的需求年齡有些差異。一般來說，男生在高中階段是性慾望最強烈的時期，非常衝動，受到不良影響或刺激時自控能力也比較弱。而女生在高中階段，一般性慾並不強烈，可以控制。在這個階段，男性往往透過運動、爭吵或打架、自慰等形式發洩自己的能量。所以，家長需要結合孩子的性心理發育特點，有針對性進行性

教育，引導孩子以合適的方式宣洩自己的能量。高中男生，如果沒有適當的教育和引導，則比較容易發生性行為。當今社會，性的開放程度比較大，一些男生也會互相交流性的想法和經驗。有些夜店或性工作者也時有高中生涉足。

男生中自慰發生率，高二、高三約在 70% 以上，高一年在 20% 左右，其中多數存在愧疚、矛盾、丟人甚至罪惡感，並因此而感覺自卑。個別自慰行為失控，因過於頻繁和經常處於衝動中，已出現身體不適感覺，包括頭暈腦脹、會陰脹痛等，這更加重了心理負擔。

女生出現月經不穩定和較嚴重痛經者，多半都與對性生理現象認識不正確，產生心理壓力有關，每當這些現象出現之前，往往會有緊張、焦慮、恐懼等。這些不良心理狀態，都會干擾內分泌和引發子宮痙攣，由此加劇月經不穩定和痛經症狀。需要引起女生的注意。

一些高中生雖然年齡不大，但對性行為卻比較隨便，個別高中生只要有合適的時機、有性要求就可以發生性關係，這期間他們容易被傳染上性病。部分高國中生法治觀念淡薄，缺乏必要的性行為約束能力，甚至違背他人意願，強行與人發生性行為，這就需要進行性道德和性的法律知識教育，培養他們管理性慾望的自制力。

現在的高中生，他們對戀愛現象看得很開放，而且現在

社會總的環境也是趨向於同情和理解。高中生處在青春期的末期，隨著性生理的發育成熟，他們對異性充滿了傾慕和嚮往，渴望接近異性，渴望親密的兩性交往。

當然，也有一些事迫於學習的壓力，想以此緩解學習的壓力或不影響他人考試的心情。

我女兒在學測前夕，發現班上戀愛的同學突然多了。女兒很奇怪，問我是不是大家覺得就要畢業了，所以趕快談一場戀愛。結果學測一結束，就有同學向她傾訴失戀了。原來那些被追求的女生是為了不影響男生參加學測的心情，才勉強答應做他們的女朋友。學測一結束，她們就打電話提出分手。我覺得這些女生非常善良，也很智慧。

我們教育高中生時，和異性正常的交往和如何看待戀愛，如何進行戀愛，也是非常重要的新內容。在這個階段，先要教育孩子懂得愛，告訴他們，性是一件很美好的事情，如果性是與自己相愛的人結合，才能更好地享受其中的快樂。當然，我們講愛一個人或發生性行為時，也需要告訴他們，學會對所愛的人負責，並在決定發生性行為時，即使是在雙方自願的原則上，也需要一種負責任的態度。

多數高中生的目標還是渴望能考上一所好的大學，因此，原則上我們希望他們能管理好自己的性慾望，不要過早發生性行為。畢竟發生性行為後，特別是女孩會因此更加依

戀男孩，一般情況下，對學習可能產生不良影響。當然，如果雙方實在無法控制自己的性慾望，自願發生性行為，那也一定要做好避孕工作。因為如果懷孕，在這樣學習壓力大的情況下，對彼此都會產生不良影響。

瀟瀟是一個漂亮的女生，學習成績也很好。吳帥是班長，人也英俊。因此，同學們經常拿他們開玩笑，郎才女貌，結果兩個人還真戀愛了。老師雖然也知道，但考慮到兩個人學習成績都不錯，就沒有過多干預。瀟瀟的父母長期在外打工，瀟瀟一個人住著父母公司的宿舍。晚自習後，瀟瀟一個人回家有時感到很害怕，吳帥就經常送她回家。一次週末，瀟瀟邀請吳帥去她的住處，兩人在一起無法控制自己，睡在床上，脫了衣服，但第一次因為害怕沒有發生性關係。之後，兩人多次單獨在瀟瀟家中，最後無法控制自己，發生了性關係。

學測前，瀟瀟發現自己停經了，但他們沒有時間去醫院。為了能考上同一所大學，考試時，吳帥總是關注瀟瀟，考試發揮不太好。學測一結束，他們就跑到另一個城市。吳帥陪著瀟瀟做了人流手術。學測結果出來，兩人成績均不理想。此後，他們被不同的大學錄取。

大學第一學期，瀟瀟提出分手，說她已經有了新的男友。吳帥在大雨中，趕到瀟瀟的學校，希望挽回這段感情，

但瀟瀟堅決分手。吳帥無奈地接受了分手。多年後，回憶這段往事，吳帥說，如果不是因為戀愛，不是擔心瀟瀟考不上大學，導致他在考場上那麼分心，學測的成績非常糟糕。本來可以考上好大學的他，最後只考上了一所普通大學。他說這也是高中戀愛給他上的一課吧，因為當初他太投入了。

類似的故事也發生在另一個女生孫美身上。孫美本是一個學業非常優秀的女子，但從國中開始戀愛的她，高中時控制不住和初戀男友發生了性關係。此後，每天都渴望和男友在一起，並計劃和男友考上同一所大學。男友成績遠不如孫美，她就努力給他補課。最終，男友考上了不錯的大學，可孫美卻只考上一所大專院校。男友到大學後，很快移情別戀，孫美只能無奈地接受分手的事實。

高中時的戀愛單純而美好，但愛得多的那一方，往往用情更深、投入更多，對學習的影響也會更大。特別是發生性關係後，擔心、害怕失去對方，經常處於感情的糾結之中，而學測的壓力，也常常讓人喘不過氣。所以，在高中階段戀愛，原則上，我們希望他們能控制自己性的慾望，增強自制力。如果實在控制不了，也一定要採取避孕措施，否則，懷孕會對雙方都產生很大的壓力，對女生的壓力會更大。

另一方面，現在很多家長比較開明，會允許孩子在高中戀愛，但一定要告訴孩子們學會對所愛的人負責。如果雙方

自願發生性行為，也一定要採取避孕措施。盡量推遲第一次性行為的時間。在高中階段最好不要發生性行為，應努力推遲到學測結束後，這對雙方的大學考試，應該有著積極的作用。另外，一些孩子已經戀愛了，而且戀愛時間較長，如果家長發現後，硬要他們分開，他們往往無法做到。所以，這時父母反而要接受事實。在父母的同意下，在陽光下戀愛，比他們在地下、不見光的地方戀愛會更加安全。因為戀愛越是隱蔽，越是不被外界知道，越容易發生性行為，導致懷孕、人流，那麼對孩子來說會更加危險。

除此以外，再從以下幾個方面對孩子進行性教育。

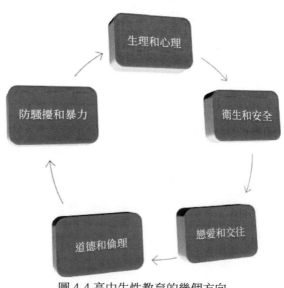

圖 4-4 高中生性教育的幾個方向

1. 生理和心理

　　對於兩性的構造、生殖系統的特點、生育的過程和機理等，都可以詳細地介紹。要給高中生講解性心理的一般規律，了解青春期的心理躁動與不安，並引導學生以坦然、健康的心理來面對，盡量按照社會要求來規範自己的生活，同時要克服性神祕感、恐懼感、自責感、罪錯感，達到促進性心理健康發展的目的。

2. 衛生和安全

　　除了生殖器官的一般衛生，也包括兩性性行為的衛生。使他們能夠自覺注意生殖器的衛生，學會正確的清洗方式，包括女性外陰部的日常清潔、經期的衛生保健、痛經的處理；男性的陰莖清洗、遺精和自慰後的清潔衛生等。在性問題上的自我保護知識，如防止生殖器官的外傷及一般外傷的處理、基本避孕方法，培養自制力，克制性衝動避免過早偷食禁果。

3. 戀愛和交往

　　戀愛有利於青少年的健康成長，尤其對青少年的心理和社會成熟，有明顯的促進作用。沒有這種交往的青少年，很可能有心理障礙和缺陷，是社會適應不良的表現。但是，如果青少年之間過早地建立一對一的、伴隨頻繁約會、發生性

行為，則是有害無益的。交往可以透過參加豐富多彩的舞會、郊遊以及其他集體活動，促進異性友誼的健康發展，但不要經常單獨和某個異性固定交往，會引起對方的誤會和猜疑。

4. 性道德和性倫理

雖然性倫理、性道德在不同的文化和社會、時代有不同的標準。也有不同的性學家給出的性道德標準差異很大。但在兩性交往時，讓高中生了解維繫和調整兩性關係的性道德、性倫理規範和行為準則，讓他們自主選擇最有利於他們成長，又不傷害他人性人權的情況下，做出既尊重他人，也有利於自己的性道德標準的決定。同時，要知道預防性傳播疾病，預防愛滋病的途徑和方法。對於怎樣保持良好的兩性交往形式、什麼是真正的愛情、樹立正確的戀愛觀等，提高對兩性關係的社會責任感和義務感，增強性的控制能力和抵抗誘惑的能力等均要和他們共同進行探索，讓他們選擇尊重人性、符合人性，但又不傷害他人、不違背法律規範的性道德。

每個女生可能是未來的母親，加強對她們進行尊重人性、尊重人權的性道德、性倫理教育，不傷害他人的性人權，也是防患於未然。對這些學生的教育，要告誡他們，我

們的身體是需要有界限的。孩子與父母之間也有界限。如果某些身體接觸行為已經讓我們感到不舒服了，那麼這樣的行為就是越界了。另外，母親在青春期的兒子面前不要穿暴露、透明的衣服，要和兒子建立恰當的界限，不要隨便觸碰兒子的身體隱私部位。在兒子小時候，儘早與兒子分床睡覺等等，這些都是需要提前教給女生的性知識。畢竟家庭中，妻子、丈夫、孩子都有各自的性人權，均需要我們尊重。

5. 防範性騷擾和暴力

高中生階段，防範性暴力的教育極為關鍵。交友要謹慎，不要和不三不四的人來往，尤其要注意網路交友，不要隨便約見網友。如果真的想見網友，最好多叫幾個人，特別是叫上一些男孩一同前往；或是見面的地點安排在公共場合，時間在白天。

約見網友要謹慎，不要輕率和陌生人見面。類似見網友遭遇性侵的案例，在我諮商的個案中也有。特別是一些見識少、很少出門的偏遠山區的女孩，特別容易輕信陌生人。也有一些單純幼稚的城市女生，家裡從不對她們進行安全方面的教育，也常常受騙上當。

約會的時候，不要喝酒。建議女生不要在聚餐或約會時喝酒，除非和家人在一起的時候。最好結伴而行，不要獨自

一人走回家。即便是交往的異性，也要懂得自我保護，不要隨便發生性關係。陌生人，不要隨便相信，不要和他們喝酒或飲料。這個世界，多一點警覺性，就能多一份安全的保障。

面對女兒戀愛的教育

我女兒上高中時，有男生追求她。女兒問我是否可以戀愛。我給女兒的底線是：戀愛不要影響學習，為學習加分就繼續談，如果影響學習就剎車，絕對不能發生性關係。結果，談了兩個禮拜，女兒說戀愛太累了，學習受到影響。之後，她提出了分手，但男生不同意。在我的幫助下，他們友好分手。

女兒上大學後，我給她的底線是：可以戀愛，盡量不要發生性關係。如果發生性關係，一定要採取避孕措施。如果懷孕，第一個知道的是媽媽，而不是告訴男朋友。是媽媽陪著去做人流手術，而不是男朋友。女兒順利大學畢業，沒有讓我為此操心。如今，女兒已經工作了，雖然暫時還沒有戀愛，但我相信，她能處理好自己的感情。女兒說，她最驕傲的就是有我這樣一個好媽媽。我們之間可以無話不談。即使是關於戀愛，也可以和我坦然交流。她的同學很羨慕，她有這樣一個開明的媽媽。

父母一定要肩負起對孩子性教育的責任和重擔來。父母首先要學習青春期的相關知識，以便勝任教育者的角色。父

母只有掌握了正確的性教育方法和知識，才能讓更多的孩子獲得正確的性知識。

青春期生殖健康教育和性教育，是孩子生存技能的培訓，是為了孩子身心的健康成長。這需要學校、家庭、社會的密切配合。近幾年來，越來越多的家長、學校也開始積極參與到這項工作中。我們相信隨著社會的發展和人們對性教育的重視，我們的孩子將會得到真正有益、適用的性知識。

我一直認為，孩子在高中階段的性教育，要教會他們懂得「愛」。他們懂得愛了，就能夠和異性正常交往了。即使戀愛了，也能夠控制住性的慾望，增強自制力，即使發生性關係，因為知道避孕措施，也能夠讓孩子減少身體和心理的傷害。

第五節
少女初潮，面對喜悅和挑戰

初潮是少女進入青春期的徵兆，對少女的影響較大，一些人會出現心理恐慌和焦慮。以往，初潮被認為是具有生育能力的象徵，但實際情況並非完全如此，因為初潮時有些女孩還沒有正常的排卵週期，沒有成熟的卵泡產生，因此沒有

生育能力。但由於個體差異較大，也有一些女孩初潮後，會出現不規律的排卵，也會發生懷孕。在我諮商的個案中，就出現了一個 14 歲女孩懷孕後不得不轉學的案例。

因為營養豐富，現在的女孩通常在小學高年級月經就來了。所以，女孩到了小學高年級，當媽媽的就要做女兒隨時都可能來月經的心理準備了。現在我們提倡性教育要從兒童開始，我認為這是有道理的，也希望所有的父母能以自然的態度面對孩子提出的有關性方面的問題，當好他們的第一任性教育老師。

2003 年 3 月 5 日晚上我在處理弟弟的事時，接到女兒的電話。

「媽媽，我月經來了，怎麼辦？」女兒問我。

我心裡非常著急，好在女兒曾和我提起她班上有女生來月經的事情。

女兒當時讀小學五年級，班裡的女同學對初潮這事都多少知道一點。我也給她講過一些有關月經及女性生理衛生方面的知識，可她依然很緊張，問我明天上課怎麼辦。我說用我的衛生棉，告訴她在哪裡找到和怎麼用。她問是用大的還是小的。她說她沖澡時拚命洗，發現自己的下體也有了變化，說以後上廁所就麻煩了。

我回家之後，女兒撲到懷裡，撒嬌地說「媽媽，我好害

怕。來月經好麻煩。」我說：「傻孩子，正常的女人都要經歷這些的。雖然麻煩，但是妳不再是小女孩了，妳已變成少女了。妳應該感到快樂啊！」

接著，我又講了一些有關女性發育的知識，月經要注意的事項，提醒她今後要學會保護自己，和異性交往要有分寸，發生性行為會導致懷孕等性知識。「一旦懷孕，流產或是墮胎，會嚴重地影響到妳的身心健康。」

我弟弟的女兒也在小學五年級來月經了。弟媳婦告訴了我母親。母親打電話告訴我後，我立即讓家裡人給小姪女買禮物，祝賀她成為小女人了。同時，我們家建了一個群組，我們立即在群組對此事進行祝賀，我也發了一個紅包給她。小姪女因此過了一個特別的屬於「吾家有女初長成」的日子。

現在我在給家長講「如何面對女兒初潮」這個話題時，會要求家長給女兒舉行一個特別的祝福儀式，恭喜女兒成熟了。並告訴她：「妳將來結婚後，如果與愛人發生性關係，可以成為母親。」另外，家人要對女孩來月經表示祝賀，這樣女孩不會因為來月經覺得丟臉，而是身為女人，為她們未來可以成為母親而驕傲。

初潮的年齡，一般認為和遺傳、營養等均有關係。如母親初潮早，女兒也會偏早；母親初潮晚，女兒也可能偏晚。

但這並不是絕對的，還會受其他因素影響。初潮早晚，同居
住在城市和鄉村、身體健康狀況、情緒、營養等都有一定的
關係。總之，初潮早晚受許多因素影響，個體差異可能很大。

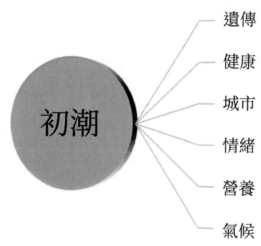

遺傳

健康

城市

情緒

營養

氣候

圖 4-5 影響初潮早晚的一些因素

初潮和月經因人而異。初潮一般量少持續時間稍長，每
次月經量為 10 ～ 100 毫升，平均為 50 毫升，出血量以第二、
三天最多。在初潮後的半年到一年時間內，月經不一定按規
律來潮，有的隔幾個月、半年甚至一年才第二次來潮，這不
是病理現象，以後逐漸有規律。每次月經出血持續 5 天左右，
為月經期。行經期間由於盆腔充血，有時會出現頭暈腦脹，
想吃冰棒，輕微腹痛、腰痠以及乳房漲、食慾差等，也屬於

正常現象。這裡特別要提醒女生，月經期間，如果方便，盡量多上廁所，透過排泄的方式讓月經流失。有些女生因為來月經後很害羞，不敢上廁所。於是，一個上午或下午都不去上廁所，導致衛生棉血量很多。這容易引發細菌，甚至導致陰道炎等婦科病。

那麼，女性當年太早或太晚來月經現在會不會影響受孕呢？一般而言，女性太晚或太早初潮，都不會對生育能力有任何影響。大多數情況下，初潮時間的早晚僅僅代表發育的情況，沒有任何證據顯示，初潮的早晚會影響受孕。

但是，如果是由於一些疾病（例如甲狀腺的疾病、卵巢衰竭或某些遺傳併發症）導致的月經初潮推遲，那麼就會走上難以懷孕的道路。如果擔心自己是不是有一些疾病的徵兆，可以選擇就醫，這樣可以消除自己的疑慮。

很多女生在月經初潮後，由於最初的經期不規律，她們常常擔心將來不能正常生育，所以家長或學校可以給他們介紹初潮最初的幾年，往往月經沒有規律。有時因為受到情緒波動的影響或環境的改變、水土不服等原因，也會造成月經紊亂，這都是正常現象。提醒女生注意經期衛生和適當的休息，同時調節情緒，不要太煩躁，少吃刺激或冰凍食品，如辣椒、冰凍飲料等，注意保暖。特別提醒經期不要進行劇烈運動，否則可能有生命危險。

　　另外，女生月經後，胸部也開始發育，特別各類電視或媒體的宣傳，導致一些女生對自己胸部發育偏小不太滿意，甚至擔心。要告訴女生，每個人胸部的發育和多種因素有關，如遺傳、營養、人種等等。多數女性的胸部發育都不太大，並不是胸部碩大無比才是美的。健康就是美的，而且胸部的大小與未來的哺乳沒有必然的關係，即使胸部偏小，乳汁一樣會很豐富，不影響未來的生育和哺乳，減少女生對胸部大小的焦慮。

　　隨著初潮和月經的來臨，要為孩子講講防範性騷擾和性侵。告訴她們，要提高個人的警覺性。女兒就要逐漸長大，成為大人了，一旦發生意外，面臨的傷害就會更加嚴重。如果被強暴，有可能會懷孕。身為女人，防範性騷擾和性暴力，是一直需要提高警覺的，只有這樣，自己的一生才能更加順利和平安。最好把性騷擾和性暴力的特點和做案特點，都告訴她，讓她有心理準備。

　　在這個時候對女兒進行有關戀愛方面的教育也是合適的。但不要講得太深，以孩子願意聽和能接受為主。如果是在小學高年級來月經，可以講講女性的自我保護知識。如果在國中後來月經，可以談談關於戀愛方面的知識，以及關於生命、避孕、人流的知識。在傳統思想中，很少有母親給孩子講這方面的知識。特別是有些單親家庭或沒有母親的女

孩。在這些特殊的家庭，盡量能有一位女性承擔起母親的職責。如果找不到母親的替代者，那麼父親也應該和女兒談談有關的知識。

我讀書時，父母從沒和我講過這些知識。第一次來月經時，我不敢去學校，結果在家裡把內褲都換完了，最後還穿上了姐姐的內褲。因為我以前得過痔瘡，母親回家時，我告訴她這次痔瘡太嚴重了，流血不止。母親僅僅是簡單地讓姐姐去給我買了衛生棉，並教我怎麼用，並沒有多說什麼，我也不敢問。

班上有一個女生，父母離異，她隨父親生活。我們都覺得她很可憐，不知道她月經初潮時向誰請教。若干年後，我們已為人妻、人母後，我問她當初來月經時怎麼辦？她說她很幸運，因為她的父親是一位知書達理的男人，所以，父親從小就給她講了有關女性自我保護、月經、戀愛方面的知識。特別教導她，女性要學會自我保護，愛惜自己，學會獨立，要懂得如何才能找到一個合適的結婚對象。所以，她雖然缺失了母愛，但父親教給她足夠的知識。因此，當月經來臨，她自己就能處理好。戀愛、結婚也都處理得很好。

所謂萬事起頭難，對少女來說，人生第一次來月經是件「大事」、「難事」。既不懂得初潮月經發生的原由、時間與地點（或在家中或在學校），更不知道經量多少，經期多少。

家長必須教會女兒有心理準備和物質準備，這樣才會心中有數，「遇事」才能不慌張。母親尤其要更多地關心、教育女兒，正確處理好第一次月經來潮。

第六節
保護女孩，引導男孩理解性的力量

一個對性行為負責任的人，關鍵在於能夠對舒服的感覺說「不」的自制力，而這就需要家長對孩子的行為設定道德上的約束

—— 【美】莎倫‧麥克維爾

莎倫‧麥克維爾認為：「性慾以及如何滿足性慾，性感以及性感的力量，這些性生理書、學校性教育課以及家長與孩子談性時所遺漏的東西，而這些恰恰是性行為的內因。所以，我們必須幫助孩子們理解性感是有力量的，因為它會引發性慾，而這種慾望是每個生物體所固有的、藉此延續後代的方式。」因此，我們只有對孩子們講清楚性感與性慾，我們才能讓孩子學會做一個對性行為負責任的人。

同時，莎倫‧麥克維爾認為，如果我們不首先教給孩子一

些正確的觀點，我們的孩子就會被電視、網路說服或影響。
如果沒有家長的指導，一個鼓吹性的環境對孩子來說是難以
抵禦和極度危險的。

很多性侵行為，常常和男孩有極大關係。因此，適當的
性教育不但可以緩解男孩的性壓力，還能避免他們做出一些
傷害女性行為的事情。

青春期的兒子，對於很多父母來說，都很頭痛，不知道
怎麼對他們進行性教育，弄不好，反而適得其反，成了教
唆。因此，在這樣一個關鍵的時期，父母恰當的性教育和正
確的性態度對男孩的性心理健康成長極為重要。

我們可以告訴青春期的男孩，性慾是一種巨大的力量之
源，一種令人驚訝的能量引擎，促使人類繁衍。沒有性，就
沒有人類。

一個從小放牛的朋友告訴我。一次，他騎著一頭公牛，
聽到對面一頭發情期的母牛的呼喚，發瘋一樣地衝向母牛方
向，把他重重地甩在地上。看電視上，我們也常常看見，泰
國等地那些被訓練有素、參加表演的公象，在發情期會變得
很瘋狂，甚至出現嚴重傷人的現象。這些都說明性慾是一種
巨大的能量。但與一般動物不同，人類具有自我管理的能
力。因此，透過培養人們的自制力，那麼，可以轉換或控制
這種性的能量。

　　滿足慾望的感覺不錯，所以我們不斷地希望滿足慾望。有些慾望與生俱來，比如食慾；有些慾望只有當身體發育成熟後才會產生，比如性慾。而我們家長需要教導孩子長大後，學會控制和引導慾望。特別是要教育我們的孩子，如果要成為一個負責的人，就要學會控制自己的慾望。我們不必為慾望而產生負罪感，因為慾望是我們生存所必需的。我們要學會的是控制和引導能量，而不是讓性慾這種能量主宰我們的生活。

　　我們要告訴男孩，如果我們沒有學會甄別和自律，如果我們沒有學會控制這種能量，就會被性慾驅使，最終可能做出害人害己的事。

　　所以，家長要掌握家庭性教育的主動權，不要任由媒體、網路的不良誘導誤導孩子。我們自然地和男孩談論性的能量，讓他們明白：性不過是一種需要我們學習和掌握、引導的一種能量形式。就如我們具有憤怒這種情緒，我們可以採取恰當的表達方式，如使用語言表達我們的憤怒，而不是用行動打人發洩我們的憤怒。就如飢餓也是一種能量形式，但不是我們餓了，就要立即獲得滿足，甚至去偷去搶，而是需要採取適當的方式獲得食物，有時甚至需要克制自己，等到下課或下班後才能去吃飯。因此，性慾這種能量也是一樣的，需要我們用正確的方式去控制和引導，而不是被動地受

到性慾的驅動做出傷人傷己的事情。

　　一個 13 歲發育較早的男生因為偷母親的內褲藏在自己的房間進行手淫，被母親發現後罵他流氓，而且到處告訴別人兒子的行為，說兒子有心理問題。經過諮商後，我發現這個男孩一切正常，只是最初有幾次這樣的行為，被母親發現責備後，再也沒有發生這樣的事。我認為兒子沒有心理問題，他只是好奇而已。這也是他緩解性壓力的一種方式。

　　我告訴他，他沒有任何心理問題，就是性壓抑造成的，希望他透過自慰等恰當的方式緩解自己的性壓力，而不要透過偷女人內衣褲滿足自己的性慾望。談完後，他很輕鬆，為自己沒有心理問題而高興。此後，他懂得自慰是宣洩性壓力合適的方式，而不需要藉助內衣褲滿足自己。經過心理輔導，他再也沒有出現這種情況，反而是他的母親用不恰當的處理方式，增加了男孩的壓力。偶爾一兩次偷拿母親的內衣褲手淫，如果教育得當，糾正和改變了這樣的行為，就不是戀物癖。

　　所以，如果我們能讓孩子們從小認識慾望的力量，培養他們控制慾望的能力，我們就能讓青春期的孩子從容地面對性的躁動，而不是產生性的慾望就必須立即獲得滿足，甚至用一些非法的手段獲取，如強迫別人與自己發生性行為。

　　我們要告訴男孩理解慾望是一種我們必須學會控制的能

量，並告訴孩子性侵犯就是一些人不能控制他們的能量。他
們不是自己控制了慾望，而是慾望控制了他們。如當他們需
要什麼東西的時候就去偷，生氣的時候就會砸東西或傷人；
當他們有性慾時，他們就強迫別人。如成年人對孩子動手動
腳或觸碰孩子。教育孩子們，任何人把他們的慾望強加給別
人都是不對的。

　　而那些沒有學會控制自己慾望的人是危險的。如果我們
發現有些人不能控制自己的慾望，那麼他們就可能因為不能
管理和控制自己慾望，做出違法的事情，最終被關進監獄，
從而保護更多的人不被他們傷害。在監獄裡，他們不能再傷
害他人，並學會控制自己。因為，任何一種慾望，都可能因
為所見所聞、所思所想而變強或變弱。性慾也一樣。所以，
減少觀看色情網站，減少閱讀色情書籍，在黑夜不安全的環
境，減少穿著暴露、性感的服裝，都能降低性慾。青春期的
男孩，雖然你們已經有了性的慾望，但如果不在合適的年
齡，沒有得到對方的同意，也不能強行發生性關係。如果每
個男性都能尊重這一規律，那麼性侵害的個案將不存在。

　　但在現實生活中，總會有一些人，沒有學會控制自己的
能量，因而不懂得控制自己性的慾望，他們就會做出傷害他
人的行為。如果青春期的男孩，沒有學會控制自己性的慾
望，一旦做出違背女性意願的事，就面臨著受到法律制裁的

可能性。這樣，傷害的不僅僅是受到性侵害的女性，自己的家庭和自己的未來也一樣因此受到傷害。所以，我們需要學會控制自己性的慾望。

當然，青春期的男孩，對性好奇，渴望了解更多性的知識，並從掌握的知識國中會控制自己的行為，那也是我們需要學習的。家長面對孩子探索性知識，也要給予理解。

我剛當班主任那年，一個從小寄養在爺爺奶奶家的男生，讀國中時才來到父母身邊。母親經常責罵他，偏愛在他們身邊長大的弟弟。

有一次，他說要離家出走，於是我前去家訪。結果，母親大罵這個大兒子是流氓，說他就愛看些淫穢書籍。去年鄰居家的女兒來家裡玩，他竟然對那女孩動手動腳。聽了這位母親的話，我說道：「他在青春期，我們做家長的，應該教育他一些正確的性知識，比如，讓孩子的父親來告訴他異性交往等方面的知識。」

事後，男生的父親買了相關的書，一邊讓他看，一邊為男生解惑。男生後來的表現非常不錯，學習成績也提升了。我也因此受到啟發，此後利用班會的時間，為學生舉辦關於戀愛方面系統知識的講座，並和學生探討男女正常交往的知識。

在我諮商案例中，發生過很多類似的案例。也就是說，一個男孩的性壓力，長期得不到緩解時，就有可能傷害身邊

的女孩，所以，父母必需關注男孩的性教育。如果男孩沒有正確的性觀念，不懂得管理自己性的能量，會導致攻擊性行為。

攻擊性行為也稱侵犯性行為，是指個體有意傷害他人身體與精神，但不為社會規範所許可的範圍。攻擊性行為是男孩中比較常見的一種社會行為，對男孩的人格和品質都有消極影響。

性壓力會導致壓抑的心理，如果長時間不釋放出去，就會成為一種煩惱，當這種心理狀態達到一種程度之後，就會以極端的方式表現出來，做出攻擊性的行為。這也是導致青少年性侵女性案發的原因。

很多研究都顯示，未成年人的性侵行為，和性壓力有一定的關係。一些未成年人的性侵行為，並不是可以蓄謀的，而是因為一時衝動而做出的。如果性壓力長期得不到釋放，又不知道緩解的方法，就容易對熟人做出攻擊性行為。

一名住在偏鄉的高二男生，家境貧困，是村上孩子們學習的榜樣。一次放學後看了色情影片。回家途中，他騎著腳踏車，遇到村裡一個9歲的小女孩，他問女孩是否坐他的車，女孩很高興地同意了。結果，男生把女孩帶到一個偏僻的路上，把女孩性侵了。此後，男生被判刑。學校和警方都感到很惋惜。

當男孩到了適齡年紀，父母要鼓勵他們正常的戀愛，向異性表達自己的愛慕之心。對於無法擁有性伴侶的青春期的男女，適度的自慰是正常的，也是可以理解和接受的。家長不要大驚小怪，他們僅僅是好奇而已。家長要加以適當地引導和幫助，他們就會很好地糾正自己的行為。

當然，如果這種方式，讓他們感到滿足，甚至無法改變，那麼在不侵害他人的利益的前提下，也允許他們保留。當然，有些性宣洩方式如果傷害了他人，那就需要調整或改變。如窺陰、露陰的方式，常常會給女性造成不適，那麼就需要男性做出改變。

父母可以告訴孩子緩解或轉換性壓力的方法，比如，培養積極的興趣和愛好。積極的興趣和愛好，能培養男孩優良的品格，讓他們遠離一些不良的情緒。即便是打遊戲，只要加以積極引導，也能非常好地分散他們的注意力，讓他們遠離性侵行為。根據能量守恆的原理，能量也是可以轉換的，如把能量轉換到運動場上，或是對創作藝術的追求上等，都是一種健康的性轉換方式。

我認識很多體育生，他們說年輕時能量爆滿，都是透過運動的方式發洩。晚上回到宿舍，已經很累了，自然就不去想性方面的事了。而且，他們當中的一些人，由於當初控制了性行為的發生，到了 20 多歲結婚後才發生性行為，性生活

品質比較高。妻子對他們的性能力也非常滿意。而那些過早習慣自慰的男性，結婚後還是感覺自慰的方式更容易滿足，反而性生活品質不太滿意。也許這正如一些書談的一樣，早期的性行為習慣會影響此後婚姻生活中性行為方式。

除此以外，我們還要教育他們尊重女性。女性是人類社會執行的關鍵的一個部分，將來她們都會生兒育女，成為母親，而一旦被性侵，她們的幸福生活就會被打破，有的一生鬱鬱寡歡，性侵傷害的往往不是一個人。因為每一個女性都可能成為母親，而一個受傷的母親影響的就是她的孩子們。

同時，父母還要告誡他們，一旦發生性侵案，男孩要為自己的罪行負責，到時不但毀了受害者和自己，同樣也毀了自己的家庭。

我諮商過一個案例，一個第二天就要學測的男生，趁著13歲的網友父母不在家的時間，將女孩性侵了。女孩的父親得知此事，將那個剛剛學測結束的男生告上法院。等待那個男生的將是6年有期徒刑。所以，發生性侵案，不僅僅會傷害女孩，也同樣會毀了性侵犯。

現在的媒體，常常會強調被性侵對女性造成的傷害，但對性侵犯來說，尤其那些青春期的男孩，也是一種傷害。讓更多的男孩懂得一旦性侵案，也將毀了他們的一生。

最後還要讓孩子有事可做。父母可以透過正確的教育方

法，把他們的主要精力用到學習上面，來加以監督和督促，而對於那些不上學的人，可以給他們找個事情做，這樣他們就不會把主要的精力，都浪費在兩性關係上面，荒廢了自己時間和生命。

對於性壓力很大的男孩，父母要鼓勵他們和女生正常交往，而不是採取不恰當的方式滿足自己，這樣對自己的成長更加有利。其實，男孩很多不良的情感和需求，在和女生交往的過程中，都可以得到治癒，而不是變得更加嚴重。

父母在看到孩子在性壓力方面，存在一定問題的時候，也不要大驚小怪，認為自己的孩子有什麼病症，其實，他們是很健康的，僅僅是對的性的好奇和渴望而已，只要加以適當的引導，並不會造成什麼太大的危害。教育非常簡單，尊重和信任孩子，給孩子自由和愛，欣賞孩子，就是最好的教育，必能得到良好的回應。

一些十三四歲的男生，因為好奇偷內衣褲藏到房間進行手淫。如果被父母發現後，應及時進行性教育。但有些父母卻大罵兒子，這反而給男孩一個負強化的心理暗示，導致孩子將這種行為延續下去。這些在青春期時，通常是一種正常的宣洩性壓力的方式，只要家長正確引導，孩子就不會再出現這樣的行為。所以，父母不要過度反應，如看到兒子看色情書籍，就大罵兒子流氓等，甚至用暴力行為制止，男孩可

能因此導致性行為障礙，如陽痿、早洩、性無能等，將來無法與女性建立正常的性關係。

我一直強調一個觀點，青春期，性是一種巨大的能量。越是對性採取一種健康的方式進行宣洩，越有利於人的身心健康成長。性越是被壓抑，人們就越會產生各種心理問題，最終影響人們的身心健康成長。

對待性的能量有三種方式，一是找人釋放能量，二是自慰以釋放能量，三是轉化能量。那麼，第一種，找人釋放能量，首先要明白法律禁止與 16 歲以下的青少年發生性關係，即使是雙方自願，法律也會按照性侵判刑。尤其現在的少女比較早熟，十二三歲的女生已經發育得比較豐滿。因此，如果在不問對方年齡的情況下發生了自願的性行為，也將面臨著被判刑的可能。同時，發生性行為，如果沒有採取安全的措施，還可能面臨懷孕或性病的危險。因此，這些都需要告訴準備發生性行為的青少年。

第二種方式，對於以自慰的方式滿足自我的，很多孩子並不會告訴家人他們已經有自慰的行為，但並不意味著孩子沒有發生這樣的行為。通常男性比較多，但也有女生有自慰的行為。那麼，需要提醒他們注意在一個安全的環境下，不影響其他人的前提下。雖然自慰一般不會帶來不良的影響，但一般認為，青春期的性行為習慣會決定將來的夫妻關係中

能否享受性愛。就如童年的飲食習慣會影響成年後的飲食偏好一樣，青春期的性習慣也能決定成年後的性生活的質量。（備註：莎倫·麥克維爾著《如何讓女孩不被性傷害，如何讓男孩不被性教壞——保護孩子的最佳方式，就是我們搶先和他們談性》）。

　　第三種，將能量轉化到學習、創作或體育等各類活動中。性慾是一種強大的力量。因此，我們需要引導孩子學著控制自己的慾望，把這種能量轉化為有意義、有創造力的行為。擁有自制力才能成為一個對性負責任的成年人。能量是可以轉化的。壓抑的、積蓄的，被引導的性激情可以在球場上的體能對抗中釋放出來。透過能量轉換的方式，促進青春期的孩子盡量推遲第一次性行為的時間。透過增加克制力、引導或轉化性的能量，培養青春期的孩子成為一個有責任心的人。因為根據性本能的慾望行事是危險的，所以，我們要認識到性慾的力量，並善於駕馭它。因此，培養青少年的自制力，促使他們能控制好慾望，並選擇恰當地轉化慾望的方式。這是健康生活的前提，也是預防性病等的有效方式，同時，更是減少男孩發生性侵害行為的事件的關鍵。

　　所以，青春期來臨之前，家長一定要和男孩談談性慾滿足的合法方式，告訴他們性安全的關鍵，就是要有充足的性知識和良好的自制力。這既是對別人負責，也是對自己負責。因

為，如果他們不能養成對舒服的感覺說「不」的自制力，那麼，無論多少知識都無法保護他們不受到性病的威脅，更無法保證他們在酒精等作用下，做出違背女性意願的事。而發生性侵事件，會同時傷害兩個家庭。男孩也一樣是受害者。

有些家長錯誤地認為，兒子和女人發生性關係，是占了便宜，所以不太過問兒子的性行為。但如果兒子與 16 歲以下女童發生性行為，即使對方自願，也視為性侵罪。如果違背婦女意願，強行發生性關係，也是不被法律允許。所以，家長要加強對男孩的性教育，引導他們管理好自己的能量。透過增強自制力，轉換能量，促進男孩身心健康成長，幫助他們順利度過青春期。

第七節
制定科學性的性教育原則

隨著孩子年齡的增大，他們也希望得到性知識和性教育，但有些父母沒有接受過系統的性教育，也有些父母比較傳統和保守，不知怎麼和他們談性方面的事情。既然無法從家長、老師那裡得到有關的教育，而現在網路、通訊如此發達，他們就會向外尋求答案，而一些不良的網站正好利用了

孩子好奇和探索的心理，用一些不良的資訊誤導孩子，有的
孩子受到這些資訊的影響，可能採取一些違法的方式滿足性
的慾望，甚至因此毀了孩子，最終家庭也毀了。

　　另外有些父母，雖然意識到性教育的重要性，也知道應
該對孩子進行性教育，但他們沒有足夠的性知識，教育方法
也不正確，結果導致適得其反。有個別離異家庭中的孩子，
因為父母之愛不完整，可能會出現某些心理問題，特別是青
春期的孩子，如果性教育這方面欠缺，有可能會給孩子造成
以下問題：

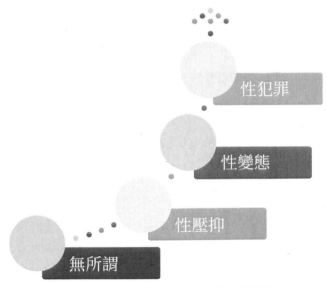

性犯罪

性變態

性壓抑

無所謂

圖 4-6 缺乏性知識的孩子出現的四種狀況

1. 無所謂

孩子可以透過其他途徑較好地接受性知識，不會對人格產生什麼負面的作用。社會的發展和進步，獲得性知識的途徑是比較多的，包括同伴之間的玩笑，都在一定意義上，產生了作用。他們可以正常地戀愛、結婚，不會產生嚴重的心理問題，不會影響到學習和與人交往。

2. 性壓抑

是對異性與性行為的極度渴望卻因為種種原因而不能接近異性或不能發生性行為的一種心理與生理狀態。比如，憂鬱寡歡、沉溺於性幻想、頻繁手淫等。一般而言，多數人都有一定程度上的性壓抑，一般不嚴重，不會對人有什麼不良影響。醫學研究顯示，過分地壓抑性慾對人的身心健康是有害的。

3. 性變態

長期的性壓抑，導致心理的一些變化，甚至發生一些不恰當的行為，比如露陰、窺陰、戀物等。一般情況下，他們不會做出性侵對方的行為。最好能進行自我調整，或尋求心理諮商師的幫助下，改變這些行為。如果是青春初期，對女性內衣褲好奇，或者找來女性內衣褲自慰，如果是在家中，偷拿母親的內衣褲，一般和心理諮商師探討，只要心理諮商師引導恰當，這樣的行為都可以發生改變。

4. 性犯罪

由於長期渴望得到性知識不能滿足，對異性充滿了好奇，不能自制，就透過傷害他人的方式得到滿足。一種是傷害其他人，如性侵女性，來滿足自己的性慾；還有一種傷害自己的親人，前面章節中提到的熟人猥褻、性侵等。

正確的性教育應該是美好的教育，性教育要注意其科學性。在合適的場所和恰當的時機教給孩子基本的性生理知識，告知孩子青春期男孩女孩的心理特點、社會責任與性道德、性倫理知識。如果父母不懂的如何對子女進行性教育，最好向專家諮商，或者找相關老師商量，由他們教育孩子，或是根據他們的建議，採取適宜的方式教育孩子。

孩子的性教育是向他們傳授科學的性知識、性道德、性倫理、性文明知識；性教育有其特殊性，比較隱私，所以需要有專業的知識做鋪墊。一般情況下，家長可以共同參與到孩子的性教育活動中。當然，如果長輩中有人具有較強的性教育能力，那麼也可以由這樣的長輩講解。

如果是自己的親生兒女，還需要告訴他們警覺熟人性侵。在對孩子進行性教育時，不要故意去區分「爸爸對兒子進行性教育，媽媽對女兒進行性教育」。只要父母對性有正確的認識，母親可以跟兒子談，父親也可以跟女兒談。

♀ 第四章
重視性教育：讓花蕾健康綻放

性教育和其他教育密切相關，要在日常生活中，把健康和積極的性知識和性道德、性倫理教給他們，讓孩子有一個比較全面的認識。一個健康的孩子首先要有一個健全的人格，而科學的性教育更是孩子健全人格形成過程中不可缺少的重要方面。

看過一部國外電影，具體名字不記得了，講的是一對非常年輕就生育了一對兒女的兩個人，最終因為種種原因離婚。此後，母親積極上進，重新走進校園，讀完了博士學位。同時，母親也再婚了。但再婚丈夫給予孩子快樂的同時，也給了孩子很多傷害。最終，母親離開了這個有些心理變態的男人。而孩子的父親，此後也交了新的女友。週末和孩子相聚的時光，他總是帶著兩個孩子運動，玩耍，並參觀一些有趣的地方。女兒青春期時，父親問女兒是否有男朋友，是否知道避孕等。坐在一旁讀小學的兒子聽到父親給姐姐講性知識，想要離開，可父親制止了，他要求兒子坐著一起聽。因此，父親同時對 10 來歲的兒子和青春期的女兒進行性教育。而且，是給女兒講避孕等方面的知識。我覺得這個作法值得學習。

這部電影不僅呈現了離異家庭、再婚家庭如何教育孩子的問題，還看到父親對兒子、女兒進行性教育的情景。因此，不要認為只能母親給女兒講性知識，父親給兒子講性知

識。我的一個女同學，父母離異後，父親再婚。她和父親生活。父親是知識分子，很早就對她進行性和婚戀方面的教育。所以，她比較成熟。此後，戀愛、結婚也非常順利，她說這一切，都感恩她的父親，能很坦然地和她談性等方面的知識。

第五章
勇敢愛自己，才能愛別人

　　被性侵之後的女性，面臨的最困難一關，就是無法讓自己像其他的女性一樣，正常地去戀愛。她們往往很自卑，感覺自己低人一等，不敢主動追求喜歡的對象，也不敢接受心儀男孩的主動追求，最終讓真愛與自己擦肩而過，成為一種新的創傷。所以，父母身為女孩唯一可以信任的人，發揮的作用是十分巨大和重要的。這個時候，父母一定要對女孩進行開導和勸說，告訴她：「要想與深愛的人相處，就得先愛上自己。我們只有愛自己了，覺得自己值得愛，我們才能遇到真正愛我們的人。」

第一節
接納自己，你是完美的女性

　　受過傷害的女性，有些存在一定的心理障礙。她們特別在乎別人的看法，對自己過於苛刻、自卑、怕別人對自己有看法。有的在陌生人面前不敢說話、恐懼、更不敢談戀愛，認為自己不是處女，是不純潔的女人，不會有好男人愛上自己，害怕再次遭遇異性的傷害，有的甚至患有社交恐懼症。

　　一般來說，被性侵的女性會有以下幾種典型的不良心理。

圖 5-1 被強姦女孩戀愛時的四種心理

1. 我不會擁有好男人

「我不是處女，不會擁有好男人」，這幾乎就是縈繞在被性侵女孩心頭的一塊心病。這種心理，是社會建構的結果。

其實，你往宋朝之前看，貞潔觀要求並不嚴重。司馬相如娶了寡婦卓文君，但社會還是接納了他們，並被傳為了佳話。孔子見了一個美女南子，南子的夫君是國君，因為老了，就給她建了單獨的住所，對她和其他的男子見面，視而不見。

身為新社會的女子，不能被這些陳舊的思想所束縛。被性侵的人也配談戀愛，也值得好男人愛。即使遭遇性侵，也一樣是完美的女人。被性侵不是妳的錯，妳和丈夫是平等的，妳也可以擁有美好的婚姻，女性要樹立這樣的想法。

2. 他太優秀了，我配不上他

這是自卑心理在作怪。事實上，很多正常的男女都在一定程度上，有這種想法。只不過，被性侵的女孩，更容易被這種思想所左右、所毒害，不敢追求自己的幸福。

其實戀愛是一種男女之間的相互吸引，相貌、才能、家庭等都是一個方面，有沒有感覺，是不是自己在乎的那個人，才是最重要的。如果沒有感覺，即便各個方面都很完美，恐怕也不能說是愛情，即便在別人看來是幸福的，自己的苦楚也只有自己知道。

配不配得上他，這個問題，很難回答，把被性侵的事實也放上去，其他的因素再綜合一下，看看對方有什麼想法，是不是男友也是這種想法。如果男友也有這想法，那就結束交往。如果男友覺得妳是很好的，不認為被性侵的女人不如人，反而因此更加呵護妳，那麼，妳就用心把握自己的幸福。每個男人對貞操的認知不同。那些過於在乎妻子是否是處女的男人，這樣的男人就讓他們去找處女好了。現代社會，更多的男人對此持接納和包容的態度。因此婚前或戀愛期間發生性行為的人逐漸增多，有些人對貞操的要求不再那麼強烈，也不再糾結處女情結。

3. 社交恐懼症

因受到性侵和暴力的嚴重刺激，犯了社交恐懼症，男性恐懼症，戀愛恐懼症，不敢和異性交往，不敢和異性談戀愛，也是很值得關注的現象。

社交恐懼症又稱社交焦慮障礙，多在 17 ～ 30 歲期間發病，男女發病率幾乎相同。常無明顯誘因突然起病，中心症狀圍繞著害怕在小團體中被人審視，一旦發現別人注意自己就不自然，往往歸結到性格使然。而遭遇性侵的女性，往往由於貞操觀的影響，同時害怕再次遭遇壞男人，因而封閉自己，不敢與異性交往，最後甚至不再外出。這種情況下，需要及時進行心理諮商或心理治療。

4. 害怕再次受到傷害

懼怕第二次傷害，是絕大多數人的一般心理，不僅是被性侵的人才有。所謂「一朝被蛇咬，十年怕草繩」，一旦被一個事物傷害了，就會加倍防範，生怕自己再次受到傷害。被性侵的人，不但害怕戀愛的傷害，更害怕男性帶來的第二次傷害。

戀愛，本來就是一個酸甜苦辣的過程，戀愛有很多辛酸的經歷，恐怕是很多戀愛男女的一般現象。既然是戀愛，就要準備好被打擊和傷害，戀愛就是一個彼此磨合和試探的過

程。當彼此感覺非常合適的時候，就要考慮結婚了。沒有什麼酸甜苦辣的戀愛，嚴格說不是戀愛。即使沒有遭遇性侵的女性，戀愛、婚姻的過程也不是一帆風順的。並不是因為妳被性侵了就無法擁有好的婚姻，而是妳是否善於經營愛情和婚姻，是否懂得選擇一個真心愛妳、善待妳的男人。

要想讓受傷害的女孩振作起來，我覺得父母的作用是很大的，父母可以從以下幾點來疏導她們：

1. 幸福只和自己相關

其實，妳幸福不幸福，除了非常關心自己的幾個人，誰會在乎呢？「親戚或餘悲，他人亦已歌」，幸福只和自己相關，外人不太關心和重視。不要那麼在乎別人的看法和想法，這樣的人生更加幸福。

2. 被性侵的人也會遇到好男人

在觀念上面，要進行轉變，不能老是沉醉在過去的傷害中，把那些不利於自己健康生活的思想全部拋棄掉。不要總覺得被性侵的人低人一等，其實人都是平等的，不就是被性侵了嗎？那又不是自己的錯。只要有足夠的自信和魅力，就一樣可以遇到好男人，一樣可以擁有幸福的婚姻。

每個人在不同的階段可能遭遇不一樣的不幸，只是時間或不幸的內容不同而已。妳也許因為遭遇性侵而悲傷，她也

許生下來是殘障人士而痛苦。但只要一個人能愛自己，覺得自己是值得愛的，提升自己各方面的能力和魅力，那麼，即使遭遇性侵也一樣會遇到好男人，會擁有幸福的婚姻。

3. 多培養自己的正面魅力

一個人可以吸引到什麼樣的人，與他的個人魅力是直接相關的。妳是什麼人，就會吸引什麼樣的人到來。所以，要改變自己的作風和風格，把不利於自己交往的那些東西甩掉，建立積極樂觀的個人形象。多培養各類興趣愛好，多參加各類活動，透過接觸不同的人，提升自己的個人魅力。一個充滿活力和自信的女人，總能吸引到優秀的男人。相信自己，珍愛自己，提升自己的魅力，真愛就會來到身邊。

4. 勇敢地去嘗試

不要害怕第二次傷害，人的一生不被傷害是不可能的。很多事情無法預料。人生是一個選擇和做決定的機會，因此，需要自己珍惜自己，關愛自己。大膽嘗試，一定會遇到珍惜自己的男人。

5. 尋求專業幫助

糾正錯誤思想和見解，很多時候，需要進行專業治療，拖的時間越久，對自己的傷害越深。所以，對那些無法從被

性侵的痛苦中走出來的人，建議尋求專業的心理幫助，進行系統的心理治療。

現代人已經越來越能接受心理諮商和心理治療，並不是那些有心理問題的人才需要進行心理諮商，而是我們更加重視我們的精神生活品質的表現。心理諮商針對的人群多數是正常的普通人，就是那些在生活、學習過程中遇到一些挫折或煩惱，而自己又沒有能力去解決，因此，可以在心理諮商師的陪伴下，共同協商和探討解決問題的方法。主動進行心理諮商是重視生活品質的人，因此，在遇到自己無法處理的煩惱和糾結時，尋求專業心理諮商師的幫助，會促使我們更快地從痛苦和不幸中解脫出來。

第二節
調整心態，迎向成熟愛情

當得知女友被性侵，或者有性侵的經歷後，男友的看法是最關鍵的。他可能不能釋懷，不能原諒妳，想要和妳分手。很多情況下，即便妳使出渾身解數，即便你們真的在一起了，也很難擁有真正的幸福。所以，了解男友的想法很重要。如果男友是一個對貞操特別在意的人，一心要找的女友

是處女，那麼，妳就不必勉強這份感情。即使妳再愛他，也要學會放棄。否則，強求與他結婚，婚後也未必幸福。而那些成熟的男人，他們更在乎的是妳這個人的人品，以及相戀之後對感情的忠誠，而不是在乎妳是否是處女。所以，慎重選擇妳的對象，多接觸、多了解，不要輕率走進婚姻。

小萱讀大學的時候，是班長，大學的學生會主席。身為都市女孩，她有很好的身材和皮膚，即使她認為自己很不完美，即使她三番兩次地拒絕，但在大學追求她的男生還是很多。

第一次追求她的是班長。暑假回家時，他委託一個和小萱同行的同鄉，帶了一些吃的東西和一封情書給她。小萱察覺後，特意在中途轉車去了另一個同學家以此擺脫他。幾次下來，她還是果斷地拒絕了班長的追求。

大三的時候，小萱 21 歲，遇到一個男生，也是學生會的成員，和她在同一學校不同系，是一個鄉村的孩子，家境貧困。那時的戀愛很單純，除了愛什麼也不需要。但家裡反對他們交往，認為男孩家裡窮，而且鄉下大男子主義思想嚴重，特別是男孩長得又高又帥，家人認為她駕馭不了這樣的男人。

小萱不顧家人的反對，堅持要嫁給他。在婚前，她讀過的書告訴她，婚姻需要坦誠，所以，一個隱藏了十多年的祕

密，她決定告訴初戀男友，這是她第一次向其他人說起這
件事。

選擇在大學畢業前的中秋月圓之夜，在離學校不遠的一
個田野。他們吃完了男友親自煮的一隻雞，小萱告訴他幼年
被性侵的事情。男友聽完了之後，冷靜了一會兒，對她說：
「讓我最後吻你一次。」

傷心的小萱聽了後，離開了他，跑回大學宿舍……

小萱非常出色，一再拒絕別人的追求，但是其他人並不
知道她有被性侵的經歷。這個男友，又高又帥，看起來是被
寵壞的對象，而在其他方面，卻不如小萱出色，同時，他又
有很強的自尊心，當得知女友幼年遭遇性侵後，就果斷地終
止了戀情。可以看出，他有較強的處女情結。

小萱雖然在很長的時間隱瞞了幼年遭遇性侵的事實，但
身為女性，在沒有確認對方就是結婚對象時，處於自我保
護，隱瞞事實也可以理解。男友在得知女友幼年遭遇性侵，
感到自己找的不是處女，立即選擇分手，也許是太突然，沒
有心理準備。但如果是一個成熟的男人應該知道，這個時候
最應該需要安慰的其實是女性，是被傷害的人，而男友的作
法，其實是對她的第二次傷害。所以，一般在深思熟慮之
後，男友都會向女友道歉，這時候，女友需要重新考慮，他
們之間的關係是結束還是重新開始，可以做第二次選擇。如

果選擇和好，那麼兩人需要對貞操觀、處女情結的認識進行必要的探討，甚至考慮是否尋求專業心理諮商師的幫助。否則不對此事進行任何處理，即使兩人結婚，也會留下隱患。

其中，最關鍵的是，男友能不能釋懷，能不能放下對處女情結的極端看重。也許有人說，如果真愛一個人，是不會在乎什麼處女不處女的，但真要發生在自己身上，就很難說了。

事實上，經過一個晚上的掙扎，第二天男友還是主動找到小萱，但他們卻再也不提小萱遭遇性侵的往事。大學畢業後，他們還是按事先商量的日子結婚了，但他們並不幸福。婚後丈夫開始家暴，甚至有了外遇。雖然最初小萱也認為自己被性侵後低丈夫一等，認為自己不是處女虧欠丈夫，對不起他，很感恩丈夫不嫌棄她和她結婚，所以處處遷就忍讓丈夫。但丈夫不斷出現的外遇和越來越激烈的家暴，讓她最後不得已選擇了離婚。

可見，小萱並沒有和丈夫一起探討處女情結等問題，也不知道和丈夫一起糾正一些錯誤的認知，而是不去觸碰性侵這件事，匆忙地結婚，反而讓自己受到了更大的傷害。

應該看到小萱和丈夫是有愛情的，但兩個人都是傳統思想的受害者。如果當初在得知小萱幼年性侵經歷後，他們能共同探討這個問題，或尋求心理諮商師的幫助。在探討和分析這段

往事對他們雙方的影響後，再決定是否結婚，也許不會造成他們婚後那麼的痛苦，甚至最後不得不以離婚結束這段感情。

因此，當遭遇性侵的女性戀愛後，對於是否要告訴對方？下面，我們先看一般男友在得知女友被性侵之後的幾種想法和反應。

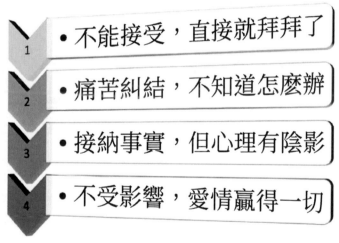

圖 5-2 男友知道女孩被強姦之後的想法

1. 不能接受

這種情況，在開始的時候居多，因為彼此的交往還不深刻，感情不會引起大的起伏和波動。這個時候，如果在得知女友被性侵的事實之後，他們往往不能接受，所以要好好思考一下了。

其實，他們也不需要什麼深入的思考，就是不能接受自己的女友已經不是處女的事實，認為這樣的愛情，已經不完美。他們往往並不會直接回絕女友，而是冷淡地繼續一段時間，然後找一些其他的藉口，作為一段感情結束的原因。

2. 痛苦糾結的時期

這種情況，就是男友確實喜歡女友，所以開始陷入痛苦和糾結之中，反覆思量著，是應該接受女友呢，還是應該重新開始一段新的感情呢？這種情況的人很多。接受吧，又覺得不能釋懷；不接受，又放不下女友，感覺她也很好。

發展方向有兩個，一個是分手，一個是繼續，最後走向婚姻。分手是因為彼此有了芥蒂，有了懷疑，總是小心翼翼地怕傷到了誰，最後彼此都覺得很痛苦。如果男友可以邁過這一道檻，自然彼此關係和愛情的親密度上，都會提升一個很大的層次。

3. 接納事實，但心理有陰影

這種情況的男性，又是另外的一大人群。他們接受了女友不是處女的事實，但是心理並不能做到完全的釋懷，存在一點點的不情願和不甘心。為什麼我的女友是這樣的呢，但是我也沒有辦法，已經這樣了，又能怎麼樣呢？接受吧。

發展方向也有兩種，一種是平平安安的也算幸福地過一

生，一種是半路婚姻，在過了 5 年 10 年之後，男友的性情大變，總覺得自己吃了虧，就去找外面的女人，於是婚姻和家庭就慢慢破裂了。

案例中的小萱就是這種情況，他們結婚了，有了兩個女兒，但是丈夫開始家暴，開始找外遇了，可想而知，這時候其實已經是對兩個人的傷害了，而且都很嚴重。而女性面對的是家庭暴力和離婚的道路，其傷害也就可想而知了。

在我諮商的個案中，對處女情結比較在意的男性還是占一定比例。

有一個男孩，大學畢業多年沒有戀愛，因為他個性內向和醜腆。後來上網認識一個女性，她主動追求他，直至戀愛、結婚。

婚後，他才知道妻子婚前被強暴過。雖然婚後他們生育了一兒一女，他也很享受妻子的能幹和性生活，但對妻子不是處女，心裡非常不平衡。每次和妻子做愛時就會想妻子被強暴時是怎樣的反應？做愛時會怎樣？也經常幻想自己和其他女子做愛的情景，甚至渴望出軌和其他女性有性關係，並一直尋找機會發生外遇，卻沒有離婚的想法。因為妻子還是很能幹，表面上對妻子也很尊重，但內心卻一直渴望外遇，甚至期待找個處女發生性關係。總認為自己是處男，而妻子不是處女，感覺很吃虧。但由於妻子強勢又能幹，從沒有考慮要和妻子離婚。但想出軌的念頭一直都有，也一直在尋找機遇。

　　類似的個案不是少數。即使有的男性有多個性伴侶和多次性經歷，但仍渴望妻子是處女。有一個男性，婚前和不同女性有過較多的性經歷，甚至有幾個女友曾經是以處女之身與他相戀，但他還是表示，如果結婚，希望自己的妻子是處女。因此，我們看到一些男性在處女情結上，對男女是採取不同的標準。如果女性遇到這樣的男友，需要謹慎考慮是否與其結婚。否則，婚後因為自己不是處女，可能遭遇更大的傷害。

4. 不受影響，愛情贏得了一切

　　愛情戰勝了一切，包括一切對女性不利的東西，都被漠視了。不過了，這種情況，頗像電影中橋段，在現實中似乎不太容易出現。但還是有不少人，是不受影響的，雖然不能說是什麼轟轟烈烈的愛情，但也是普通人的幸福，是很難得的，是值得珍惜的。但這些男人，有些是自己有過性經歷或多重性伴侶，所以不太在意自己的妻子是否是處女。當然，也有一些男人真心愛妻子，真的不在意妻子是否婚前發生過性關係，但這樣的男人不多。

　　其實，即便是在影視劇和小說中，主角往往也是經過了一番的痛苦和掙扎之後，才最終獲得解脫的。可見，處女情結這個問題，對於男女之間的愛情來說，確實有很大的影響力，不能不引起重視。

　　但還有一種情況，是女性在戀愛的中途，被性侵後，覺得不配做男友的女朋友，而選擇主動離開。她們怕給男友帶來任何的傷害，哪怕是一點點的傷害，都不想，所以，不管男友如何挽留和獻出誠意，最後女性還是選擇獨自面對這一切，從此，就做了路人。

　　這種女性應該說是堅強和偉大的，其愛情也是真實不虛的。但在一生中能夠遇到一兩個在乎自己的意中人，是不容易的事情，要不然，那麼多的愛情劇還演什麼。正是因為愛情的稀缺，所以，少男少女們才如此痴狂地去追求它。既然有一段感情，就不要輕易放棄。

　　一般來說，男性在得知女友的真實情況後，通常會受以下幾種心理的影響：

圖 5-3 影響男友的幾種心理

1. 自尊心

感覺自己的自尊心受到了傷害，尤其是女友隱瞞了很長時間以後，更是如此。戀愛中，一些男性的自尊心是很強的，很多時候，只要發現了女性的欺騙，就會感到很難接受。尤其女友被性侵了，自己的自尊心更受傷害。特別是受傳統處女貞操觀影響和大男子主義思想嚴重的男性，這些人的自尊心很強。尤其當他們是第一次戀愛，自己還是處男時，就更加不能接受這種情況。認為自己找了一個被性侵的女性，不是處女，心裡非常不平衡。即使因各種原因結婚，婚後他們也常常因此打罵折磨妻子或以此為藉口，發生外遇。

2. 虛榮心

別人的女友那麼好，而自己的女友卻這樣，讓自己很沒有面子。不要小看這種情況，因為很多男女戀愛關係，並不是真正需要在一起，而是把戀愛當作試驗而已，試一試而已，看看合不合適，所以一旦知道女友不是處女，也許會選擇分手。

3. 損益心

覺得自己吃虧了，感覺女方配不上自己，不願意再繼續交往下去。如果，女方其他的方面都很優秀，可能還有餘

地，如果很一般的話，分手的可能就很大了。不過，即便是在一起，由於有了不良的心理，也很難一帆風順地走下去。

　　一個女生在國中時遇到一個有家室的中年男人。男人對她呵護有加，這個女生因為年幼被感動，最後這個男人為了她離婚，並和她結婚。結婚時丈夫告訴她，因為和她發生性關係後，知道她是處女，所以才決定離婚和她結婚。而他的前妻告訴他，在結婚前，她曾經遭遇前男友的強暴，這讓他一直不舒服。這個男人，有著比較嚴重的處女情結。雖然和她結婚了，但婚後一直不開心，所以最終還是離婚去找了一個處女。

　　就像是很多女子都幻想有一個白馬王子一樣，男性也幻想有一個不錯的女友，當發現自己的女友有很多缺點，尤其是曾被性侵，就感覺落差很大，一時難以接受。不過，隨著時間的推移，也有男方願意調整自己對婚姻的期望值，最終進入婚姻。

　　其實，很多女性朋友都想著用其他的方面，來遮蓋或者掩飾自己的不足和缺點，比如能力強，家庭條件好，可以給男性很大的幫助等，這些確實對一些比較成熟或現實、功利心強的男性朋友有一定的吸引力，但對於年輕的男性，他們理想化程度較高，往往不在意這些現實或外在的條件。

　　在這裡，我認為主要是傳統文化對貞操觀的認識和看法

最終影響了人們對遭遇性侵女性的不同看法。人是受自己的思想和觀念支配的，因此，我們常常強調婚姻的雙方最好「三觀」一致，但真正能做到的又有多少？我認為被性侵的女性，首先要學會接納自己，珍愛自己，不要因此認為自己低人一等，要把自己看成和丈夫平等的人。因此，在尋找婚姻伴侶時，婚前一定要多溝通和了解，覺察對方是否非常在意女性的貞操，是否可以透過愛和努力，讓自己的魅力放光，去感動男友，讓男友離不開自己，真心接受自己。如果對方很堅定一定要找處女結婚，即使自己很愛對方，也要慎重考慮感情是否還要繼續。

第三節
積極心理輔導，走出陰影

　　被性侵的女生，不敢談戀愛，因為個人原因，戀愛的過程中極容易導致第二次受傷。她們中的一些人，需要一定的戀愛心理輔導和援助。父母如果能夠在這方面，給予她們一些建議和幫助，順利度過這個關鍵階段，將是以後她們能否得到幸福人生的重要因素。我曾遇到過這樣一個案例：

　　小琳是大二的一名學生，她比較內向，不願意和人交

第五章
勇敢愛自己，才能愛別人

流。在小學三年級，她遭遇了表哥的性侵，因為表哥威脅她，如果告訴家人，就殺了她全家。所以，她一直不敢和家人說。直到表哥兩年後到外地去讀書，她才擺脫了這場噩夢。由於這種經歷，她經常把自己鎖在家中，讀各類文學作品，把自己的痛苦寄託在文字上，學測時她的語文成績竟然達到滿級分。

到了戀愛的年紀，因為長得漂亮，語文成績又好，很多男生追求她。但她不敢戀愛，一方面，她覺得自己胸部發育不豐滿，不知是否是因為幼年性侵造成的胸部發育不好。另外，她今年19歲了，月經還沒有規律。她擔心是否是性侵後造成的，她認為自己是一個不正常的女人，將來不能結婚生子。

這次主動來諮商，是有一個男生追求自己，自己也很喜歡對方。但很擔心答應他之後，如果以後他摸自己，發現自己胸部小，是否會離開自己？還有自己一直月經不規律，是否將來不能生孩子？所以，很糾結是答應對方，還是拒絕他。但自己很喜歡他，不知該怎麼辦？

小琳人很聰明，個子高，也非常漂亮，但一雙大眼睛卻黯淡無光，性格膽小內向。她目前感到煩惱、失眠、自卑。一方面有幼年遭遇性侵造成的影響，另一方面也是她9歲遭遇性侵，來諮商時已經19歲。長期的壓抑、痛苦、自卑，

造成她不知怎麼對待男生對她的追求。這屬於一般的心理問題，可以透過認知行為療法幫助她。

我在幫助小琳調節時，先是從心理上支持她，這樣能疏散她的不良情緒，讓她建立新的認知，然後用合理情緒療法幫助其構建合理的認知和評價體系。

合理情緒療法的過程包括三個階段。

診斷階段

問題表現
分析診斷

領悟階段

確認問題
找到原因

修通階段

糾正錯誤
建立認知

圖 5-4 合理情緒法的三個階段

1. 診斷階段

諮商師的主要任務是根據理論和經驗，對求助者的問題進行分析，找出他們情緒和行為不適應的表現，以及與這些反應相應的誘發事件，並對兩者之間的不合理信念，進行診斷和分析。初步診斷小琳為一般的心理問題。

2. 領悟階段

諮商師主要任務是尋找和確認求助者的不合理信念，領悟到這些信念不是由於早年的生活經歷造成的，過去雖然有

影響，但最關鍵是求助者現在所持有的不合理信念，所以，每個人都要為自己的問題負責任。

3. 修通階段

修通階段是這一療法的最核心部分，諮商師透過運用多種技術，使求助者改變或者放棄原有的不合理信念，代之合理的信念，從而改良不良的情緒和行為。與不合理信念進行辯論是這一階段非常具有特色的方法。

我根據小琳的情況，初步診斷為一般的心理問題，將次數定為四次，時間 50 分鐘。一定程度上，是遵循診斷階段、諮商階段和鞏固階段來進行。

第一次諮商時，我以傾聽和鼓勵求助者訴說，合理宣洩其不良的情緒為大的方向，要表達對求助者心理和行為的理解。小琳內向膽小，再加上被傷害過，所以比較自卑，認為自己不配戀愛。但現在遇到一個喜歡的男生追求自己，想戀愛又擔心再次被傷害，因而出現失眠、煩惱、糾結等情緒和狀態。

第二次諮商，我幫助小琳認識和理解自己存在的問題，找到她所支持的不合理信念，並用合適的方法去除。我和小琳一起探討了關於她胸部不豐滿的原因，一方面，也許幼年的經歷，讓她討厭自己女性的身分，所以會對胸部發育產生

一定的影響，但不是必然的影響。因為也有些女性遭遇性侵，但胸部發育一樣比較豐滿。另外，她非常瘦，身高 165 公分，才 45 公斤，所以胸部不太豐滿也是正常的，如果能胖一點，胸部自然會豐滿一些。我也與小琳分析，是否所有的男人都喜歡豐滿的女性呢？蘿蔔白菜各有所愛，每個人審美標準不同。

另外，我也與小琳一起分析，胸部的大小對未來的哺乳是否有影響呢？我讓小琳上網查詢一下答案。對於小琳擔心她 19 歲月經不規律，我也了解到小琳初潮是 16 歲，比一般女性遲，所以，在月經最初的幾年多數不太規律。如果擔心這個問題，可以到醫院看看婦科，聽聽醫生怎麼說。而且，小琳是過年從家鄉回到學校，因為水土等原因，也會造成月經紊亂。

我還要求小琳寫下來自己的關於戀愛和自我評價的一些看法，然後讓別人評價，找出其中包含的絕對和片面的信念。試著讓她找最好的同學，評價自己的看法，接受不同的回饋，拓寬狹隘的思路。

第三次和第四次諮商時，我修通和鞏固了諮商成果，修正和改變不合理的信念。小琳在母親的陪伴下去看了醫生。醫生認為她月經沒有太大問題，但給她開了一些調經的中藥。而胸部發育，醫生也說是她太瘦了，希望她以後稍微多

吃一點。因為小琳胃口一直不好，吃東西很少。醫生也告訴她，她的胸部對未來的哺乳不會有影響。另外，關於那個男生的追求，小琳答應先和他做普通朋友，接觸一段時間後再做決定。同時，我也和小琳探討關於戀愛方面的一些問題。

透過幾次的探討，以及運用一些放鬆的療法加以配合，小琳的情緒大為好轉。特別是小琳過去一直認為自己不是一個正常的女人，將來不能結婚生子，所以，一直不敢和異性接觸。但內心卻非常渴望愛情。透過諮商和看醫生，她知道自己是個正常的女人，將來也可以結婚生子。所以，她很開心。

另外，我也與小琳一起探討，將來是否將自己幼年遭遇性侵的事告訴男朋友或丈夫。我和她一起分析，如果告訴會有什麼樣的後果？如果不告訴又會怎樣？如果一定要告訴對方，選擇什麼時機比較合適？透過探討，小琳認為，過去被性侵的事，屬於自己的隱私，不一定非要告訴對方。只要兩個人在一起之後，對對方忠誠就可以了。如果對方堅持要找一個處女，那麼她會選擇離開。另外，小琳的語文成績特別好，所以她也開始嘗試向一些報紙、雜誌投稿，增加自信。

對於被強暴的女孩，除了向心理諮商師求助外，來自父母的安慰也很重要。父母是子女最為信賴的人，也是最後的終極支柱，如果父母對自己心灰意冷了，無疑是對子女最大的心理

打擊。對於被性侵的女孩，父母發揮的作用最大，戀愛中可以教授的內容也最為豐富和廣泛，以下幾點需要引起注意。

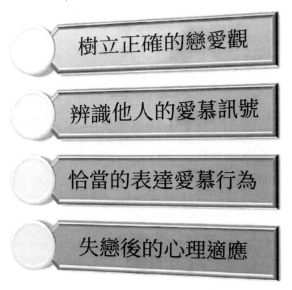

圖 5-5 父母需要教導的內容

1. 樹立正確的戀愛觀

戀愛，是青年男女隨著身心的成熟，彼此表達愛慕最後結合成家庭的一個過程。但很多人認為愛情是高尚的、偉大的，肯定都是快樂和幸福，不會有那麼多的挫折和不開心，這就把愛情理想化了。現實生活中的愛情，總有很多磕磕碰碰，因此勇於面對愛情中的各種考驗，才是一個人真正走向成熟的象徵。

　　愛情是人與人之間強烈的依戀、親近、嚮往的情感。愛情不一定都是甜蜜的，也存在著各種的困難和阻撓，戀愛也存在著各種不一樣的情緒，如宋朝詞人李煜，「剪不斷，理還亂，是離愁，別是一般滋味在心頭」，都是很正常的。對愛情有一個正常的認識和心理準備，才能有能力駕馭愛情中遇到的一些問題和困惑，並處理好與戀人的矛盾，以及與學習、事業等方面的關係。

2. 辨識他人的愛慕訊號

　　被傷害和內向的女孩，往往因為自卑，認為自己不配談戀愛等，不敢接受或大膽追求愛情。因此，在面對來自對方的愛慕訊號，需要引起注意，並根據自己心裡的想法，做出適當的回應。

　　最簡單的就是，對方總是向妳這邊看，關心妳吃什麼、喝什麼，總是照顧妳；妳說話的時候，總是很認真聽，送妳回家之類。這些戀愛訊號，看起來簡單，但是戀愛中的訊號是很珍貴的，不是經常有的，很多人就是因為女方不回應，所以最終就放棄了。

3. 恰當的表達愛慕行為

　　女人害羞而含蓄，很多時候，她喜歡一個男生，不好意思直接表達出來。但是女人的一些行為，顯示出她很喜歡一

個男人。其實，主流的戀愛方式中，一般都是女生安靜地準備好，等待男生過來和自己打招呼，但女生不是什麼都不做，而是要表達出自己的愛慕之情。

比如說，向著自己喜歡的人微笑，故意在他出現的地方經過，在他的面前故意表現自己的優點，打扮好的時候來找他，表現一點吃醋和緊張情緒等等，但不要有過分和過激的行為，讓對方覺得妳是一個大膽卻另類的人，這樣對方就不好接受，反而會遠離妳。

在戀愛的過程中，也要保持一定的理性和分辨能力，不能喪失理智，彷彿沒有了對方就活不了了，就要去死等等，反而嚇到了對方。愛情不是生命的全部，更不是人生的一切，所以，需要理智對待愛情。

4. 失戀後的心理適應

失戀是正常的現象和行為，一次戀愛並不一定就會成功，很多人都是經過了好幾次的戀愛，才最終成長起來，並擁有了自己的意中人的。有一時的悲傷和痛苦的心情，也是正常的，但要及時地走出來，及時進行疏導和化解，不能嚴重影響到自己以後的生活。

切記不能一蹶不振，不能打擊報復，不能悲觀厭世等，這些都是極為不好的情緒，可以向朋友和親人傾訴，可以大

哭一場，可以寄情於山水之間，讓自己的心情變得開闊，可以將感情和精力轉移到其他的方面，從而在昇華自己的境界中，獲得提升和補償。如果實在無法走出失戀的痛苦，那麼也可以主動尋求心理諮商師的幫助。

第四節
因為創傷而反感異性，並不是同性戀

在實際的生活中，由於心理或境遇等方面的原因，假性同性戀較常見。他們由於受到一定心理刺激或類似性侵等事件的影響造成的，他們的性取向有的可以矯正。有的隨著年齡的增長，自然會轉為異性戀。因此，如果父母發現子女可能是同性戀，也不要過於擔心，因為很多情況下不一定是真性同性戀。

晨琳 12 歲的時候，有一天，爸爸和她單獨在家。上午，爸爸帶她去買了一套新衣服。中午穿著新衣服睡覺時，爸爸把她抱到他的床上，脫光了她的衣服，摸遍了她的身體。她嚇得不知怎麼辦。爸爸也脫光了衣服，還要她摸他的陽具，但沒發生性行為。

這次事件發生後，她又受到了其他幾個成年男性的騷

擾。從此，每天晚上她都開燈睡覺，除了將門上鎖，還用書桌抵住門。成年之後，這種習慣她依然保持著。更關鍵的是，她感覺自己的性取向出了問題，她覺得男人很髒、很噁心，看見男人就很討厭他們。

國二時，她很喜歡班上一個女同學。每天帶水果給那個女同學吃，還天天叫她老婆，和那個女同學黏在一起。她告訴媽媽說將來要和那個女同學結婚，到國外去結婚。媽媽知道後，仔細斟酌之後，說只要她願意，尊重她的決定。

她很感激自己的媽媽，就告訴了那位同學，結果那個女生很緊張，表示她還沒有和媽媽說，媽媽可能不願意。半年之後，她們的感情就淡化了，兩人自然分開了。高二時，有一個男生追求她，她也對這個男生有好感，於是問母親是否可以和他戀愛。母親問了一下那個男生的情況後，給她的底線是：如果戀愛，不要影響學習，也不能發生性關係。兩人於是戀愛了。交往了一個月後，她感到那個男生總是控制和限制她的自由，連她和女生打電話時間長了也和她吵架，嚴重影響了彼此的學習，所以，她果斷選擇了分手。此後，她順利地考上大學、研究生。研究所畢業工作後，她很正常地戀愛結婚，現在有一對兒女，非常幸福。

為什麼要鼓勵青春期異性之間多交往，這也是一個重要原因。他們正處在性觀念朦朧的階段，如果過於阻撓和異性

交往，就會和同性發展親密的關係。現在網路資訊多，很多同性戀都在網上找愛戀的對象。他們建立同性戀群組，甚至把一些異性戀也拉進群裡。研究顯示，第一次性經歷對建立戀愛關係十分重要。如果第一次性經歷來自異性，通常為異性戀。如果第一次性經歷來自同性，那麼原本為異性戀的也可能引誘為同性戀。如果要轉化為異性戀，需要進行心理治療。

有研究發現，一次同性戀經歷的人大於多次同性戀經歷的人。這也說明，很多同性戀都不一定是真性同性戀，有時僅僅是一定時期內，出現的一個暫時現象，過一段時間，就會自行消失。特別是青春期，人們非常渴望獲得同伴之間的支持和友誼。尤其換了一個學校到一個陌生環境，同性之間關係很密切。現代人稱呼也比較隨便，女性同學之間也經常互稱老公老婆。經常有學生問我，他們是否是同性戀。其實，這並不是同性戀，僅僅是同性間的正常友誼，不必擔憂。

我和國中一個女同學關係非常好，經常幫助她。在大多數同學心中，我就是一個女英雄和女豪傑。那個女同學也經常叫我老公。同學們也經常取笑我們是一對。我上大學後，她每週給我寫一封信，每次書信長達 10 頁，還要求我也寫這麼長的回信。但我大學還沒有畢業，她就結婚了，和丈夫感情一直都非常好。

　　根據佛洛伊德的心理學研究顯示，社會上每一個人均有雙性戀的傾向。但如果是真性同性戀，一般無法透過心理治療或矯正而改變，需要做到的就是接納自己。但同性戀要考慮到，畢竟是非主流文化，他們往往生存壓力會較大，而且常常要面臨外界異樣的眼光，家人也不太容易接受。特別是無法完成傳宗接代的任務，會造成父母一定的痛苦。所以，最好能透過心理諮商，讓家人接受同性戀的事實。但如果是假性同性戀，透過心理諮商或心理治療，有些可以轉變為異性戀。

　　很多同性戀並不是真性同性戀，而是一定時期，一定環境下，做出的一種依戀和選擇。所以，不要大驚小怪，以為有什麼天大的事情。一些父母，感覺天塌地陷了，完全沒有必要。

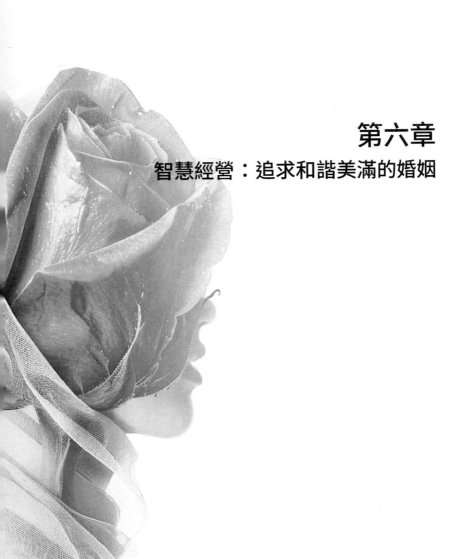

第六章

智慧經營：追求和諧美滿的婚姻

　　婚前有被強暴經歷的妻子，在被丈夫發現後，有可能讓女性遭遇家庭性暴力。女性要想在婚後過上和諧的生活，對於是否將遭遇性侵的事告訴丈夫，需要權衡利弊，慎重決定。同時還要了解丈夫是一個持有怎樣性觀念的人。如果婚前就知道對方特別在意處女的問題，那麼就要謹慎考慮是否與對方結婚。除此以外，女性結婚後，在經營婚姻時要運用智慧，不但要自強自立，還要多照顧丈夫的一些情緒。在生活和工作中，給予丈夫很大的支持和幫助。當丈夫實在不能釋懷時，就帶他去看心理醫生，最終的目的是要改變他的觀念，幫助他接受和回到現實的生活中來，而不要輕率離婚。

第一節
包容與理解，共同成長

　　被強暴的女性在婚姻生活期間，容易因為之前的經歷，引發一些家庭衝突，從而讓和諧的家庭生活蒙受陰影。這其中，有丈夫的原因，妻子自身也有問題，她們在生活等方面，往往由於心理問題，不能和丈夫好好相處，成為婚姻生變的原因。

如果能尋求心理諮商師的幫助，他們也許就不會走到離婚的地步。那麼，被性侵的女性，在心理方面，存在哪些典型的問題呢？

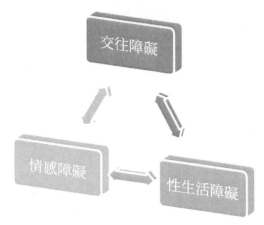

圖 6-1 被強姦女生的心理問題

1. 交往障礙

被性侵後的自卑心理和內心渴望被尊重的心理，會交替出現，致使在婚內交往中，她們可能無法和丈夫很好互動。因此，遭遇性侵後的女性感覺自己被傷害了，感到委屈難過，也不知和丈夫如何交流自己的感受。因此，女性這些壓抑、委屈、自尊心強、無法溝通等對婚姻也會產生傷害。

2. 情感障礙

　　童年遭遇性創傷，影響到成年之後的親密關係，不知道如何表達情感，宣洩情緒。安全感的喪失，使其經常陷入恐懼之中，一方面渴望被關注、接納、和溫暖，另一方面，卻對丈夫的關懷和理解，不能很好的分辨和回應，往往傷害了丈夫的情感。

3. 性生活障礙

　　早年被性侵的經歷，會造成男性恐懼症，既渴望獲得異性的愛，渴望享受性愛，但又恐懼和異性建立親密關係，不敢享受性生活帶來的愉悅感，從而不知如何和丈夫就性生活的問題進行溝通和探討，影響性生活品質。

　　同樣，男性在得知妻子被強暴的事情時，主要有以下幾種反應：

圖 6-2 男性對於妻子被強姦後的心理反應

1. 大度接受，對婚姻影響不大

從心理上講，妻子沒有錯，是受害者，因此，沒有離婚的理由。所以，這些男人會選擇繼續婚姻，甚至因此更加善待妻子、珍惜妻子。應該說，他們的性格和人格，都是比較健全和成熟的，人品也好，能給予女性一定的包容和理解，在以後的婚姻生活中，會繼續珍惜家庭和深愛著妻子。

2. 不能忍受，選擇終止婚姻

有些人在結婚後才知道妻子有被強暴的經歷時，會有被欺騙的感覺。在百般的糾結之後，有的會選擇離婚。這樣的人，究竟有多大的比例，不得而知。只不過有些男人也只是一閃而過這種念頭。

3. 婚姻繼續，但出現裂痕

選擇繼續婚姻，男性雖然在事實上接受了，但在心理上始終沒有接受，一直存在抗拒和衝突的心理。一種情況是，裂痕很輕微，一段時間過後，就逐漸煙消雲散了，應該說很多家庭是這個樣子。

4. 裂痕擴大，甚至導致離婚

有些男性在經過了糾結衝突後，出現了暴力、性暴力、外遇等，婚姻最後走到了盡頭，這種情況對男性和女性的傷

害，都是很大的。有些儘管選擇維持婚姻，但內心一直不平衡，只不過無法承受離婚的代價。由於男方在心理和行為方面都無法接受妻子，即使維持表面的婚姻，但愛情蕩然無存，親情極為冷漠，家庭毫無和諧性，這樣的婚姻生活，既是對夫妻雙方的傷害，也往往會傷害到其他人。

第二節
理性溝通，遠離家庭暴力

　　家庭暴力簡稱家暴，是指發生在家庭成員之間的，以捆綁、毆打、禁閉、殘害或者其他手段對家庭成員從精神、身體、性等方面進行傷害和摧殘的行為。家庭暴力直接作用於受害者身體，使受害者身體上或精神上感到痛苦，損害其身體健康和人格尊嚴。

　　解決家庭暴力的關鍵是要從心理上面認同男女性別平等的觀念。我接觸到一些絕不打女人的男人，他們在思想上有一個統一的認識，就是認為打女人的男人是最無能、最沒有出息的男人。

　　我大姐夫非常愛我大姐，他們的兒子受我姐夫影響，對妻子也非常好。談到家暴問題，我的外甥認為，他最看不起

那些打妻子的男人。他認為妻子是用來愛的，不是用來打的。我的另一個朋友，是監獄的獄警。他一身武功。他說女人不經打，如果他一拳下去，妻子會被他打殘。所以，就算再生氣，他寧可捶捶自己的胸或擊打牆壁，也不捨得打妻子。他說男人有本事，和外面的男人打架，也不要拿自己的妻子出氣。所以，我認為家暴的根源，還是個人主觀上的認識。

性暴力，是指任何違背他人意願的性接觸。這些攻擊包括武力強迫、威脅、威嚇等。如果在沒有恐嚇的條件下服從，就是一種犧牲，畢竟這種服從是沒有經過同意的。家庭性暴力，主要是指在結婚以後，發生在夫妻之間的性暴力行為，當然也包括對其他家庭成員的性暴力。

遠離家庭性暴力，我認為，首先，男性要學會尊重女性，不能在性生活中，表現的過於大男子主義，否則就會令對方難以接受。其次，男女雙方都要學習和諧的性生活的技巧。在丈夫有性需求時，女方要適度的滿足丈夫，不能長期一味的拒絕丈夫，否則就會使情況更加惡化，導致家庭暴力。

當然，如果妻子曾經有過被性傷害的經歷，婚姻內又再次遭遇性暴力，這無疑對女性造成更大的傷害。因此，作為女性而言，也不要一味的忍讓和退避。如果不想離

婚，就需要和丈夫一起協商，或者尋找心理諮商或專家的幫助。在繼續婚姻和性生活的同時，讓自己不再受到傷害。如果實在沒有辦法繼續婚姻生活，那麼也可以選擇離婚。

妻子如果認為存在家庭性暴力，也不要一味地忍氣吞聲，而要採取積極的應對措施，保障自己的安全，同時也要盡量不破壞家庭和諧的生活氛圍。

1. 找出丈夫性暴力的原因

丈夫之所以進行性暴力，有性格的原因，也有傳統觀念的原因，還有屢屢遭到女性拒絕的原因。不同的男性，發生性暴力的原因是不同的，因此，只有找到了真實的原因，才能採取恰當的對策。

2. 要求丈夫尊重自己

多普及一些男女平等的觀念，包括在性行為之中，也不要總是男性主動。一些時候，女性也可以嘗試著主動一些，這樣性暴力發生的機會反而會更少。實際上，很多男性也是懂得尊重女性的，但往往女性不說，自己意識不到是在傷害她們。

3. 加強情感交流

和諧的家庭生活，需要彼此交流感情，消除誤會。一些家庭之中，由於缺乏情感交流，一點小事或摩擦，就會被放

大，最後弄得無法收拾。因此，夫妻雙方都需要學習處理家庭矛盾的技巧。包括性生活本身在內，夫妻雙方有什麼需要和要求，都應該說出來，這樣彼此誤解的機會就會降低了。

坦誠傾訴，多溝通，這樣才能有利於生活和諧，提升和改善夫妻關係。這需要夫妻雙方共同努力。

第三節
不斷提升自己，創造高品質婚姻

第一次結婚前，我看了很多的戀愛和婚戀方面的書，但我的第一次婚姻還是以離婚結束。如今再次進入感情生活的我，透過不斷的學習和提升自己，善於換位思考，多關注對方的優點，多誇獎對方，多改變自己，多感恩對方的付出，家庭生活中善於運用快樂原則，而不是對錯原則，如今我的生活幸福指數越來越高。

很多事情，只有親身經歷了，才知道自己想要的是什麼。如今的我，因為曾經的傷痛，讓我成為了一名心理諮商師和高階婚姻家庭指導師，用自己的經歷和感悟去幫助更多的人經營好他們的婚姻，關注孩子的性教育，幫助更多的再婚夫妻找到他們的幸福，並在大學開設婚戀指導課，對大學

生進行婚前培訓和教育。總結多年心理諮商經驗和結合自身經歷的感悟，我認為，女性想要得到幸福，一定需要用智慧用心經營婚姻，同時盡量讓自己經濟獨立和身心獨立，不要過度依賴男性。

離婚後，王霞長時間的不敢再婚，主要原因是，王霞和女兒們生活在一起，因為工作，她偶爾會出差。因為在兒少保護機構工作，王霞長期接觸女童被性侵案例，這使王霞比較敏感女兒和繼父單獨在一起，擔心女兒的安全。即使她相信這個世上有很多好的和優秀的男性，也不敢拿女兒的幸福冒險。

小女兒轉學後，和她的父親一起生活，後來二女兒去讀大學了，王霞成了真正的單身女人。於是，離婚 10 年後，她開始考慮再次結婚的問題。這個時候，一個男人瘋狂地迷戀上了王霞，不顧一切地想要和她結婚。已經年過 40 的王霞，決定和他結婚了。

婚前王霞也知道丈夫有種種的不良嗜好，特別是嗜賭如命，但她想著小賭怡情，也許隨著年紀大了，就能改變。但婚後才發現，他不是小賭怡情，而是把業餘時間都耗在了賭桌上，他把自己和前妻生的女兒丟給了王霞，然後如單身漢一樣沉迷在麻將桌上。

婚後，王霞發現這個男人要找的不是妻子，而是母親。

身為男人，他渴望被愛護，被照顧。王霞婚後才了解到，他的母親是因為憂鬱症自殺，並不是他謊說的病逝。他的母親也是因為丈夫長期粗暴對待自己而導致自殺。他還隱瞞了他有一個妹妹，新婚後不久，因不堪和丈夫吵架也死於自殺。這樣的家庭背景，讓王霞丈夫的脾氣也如父親一樣粗暴，遇到問題不善於控制自己的情緒，而是去賭博宣洩自己的痛苦。

本著不要傷害孩子的原則，王霞善待丈夫和前妻生育的女兒，畢竟父母離婚已經讓繼女過早承擔了不幸，何況繼女也是無辜的。想想離婚後自己兩個女兒的遭遇，王霞不希望繼女因為父母離婚成為一個對社會無用的人，成為父親和社會的累贅。所以，她善待繼女，把她教育得非常好，大學畢業後，又攻讀研究所。但是王霞的丈夫，經常在輸錢之後，讓那些人找王霞要錢，這讓王霞非常痛苦。

王霞說，經歷了第一段婚姻，她曾經無私地全身心地愛前夫，但離婚讓她明白，她不懂得愛自己。所以再婚後，王霞說，她只是一個普通女人，不是上帝。她無法拯救所有的人。

王霞起訴離婚了。她說第一次起訴，並沒打算離婚。如果丈夫能改掉賭博的惡習，還能好好過日子。但丈夫卻惡習不改。甚至在一次王霞出差回來後，她發現自己的床單上有另一個女人的血跡，地上還有撕開的保險套。王霞平靜地責

問丈夫，他承認是自己酒後失控，才把性工作者帶回家，祈求王霞的原諒。王霞說，再婚後，她一再降低對丈夫的要求，但這次觸碰了她的底線，她再次起訴離婚，從此又回到了單身。

王霞草草地結婚是一個敗筆，但本著是離過一次婚的女人，哪能要求太多的想法，明知道對方有不良惡習，還是嫁給了對方。王霞本以為經歷了第一次婚姻失敗後，她更加懂得寬容，但最後發現，她根本沒有能力拯救一個嗜賭如命、過於自由放縱的人。

所以，提醒女性朋友不要因為自己離過婚，就過分降低對對方的要求，畢竟尋找的是陪伴後半生的人，還是要慎重，多接觸和了解後再做決定。

我的經歷讓我對婚姻生活有以下感悟：

1. 離婚並涉足新的感情生活後，我開始理解母親。

我的母親嫁給父親時，父親的前妻病逝後留下 3 個子女，母親新婚就做了 3 個孩子的繼母。兒時的我和同父異母的大姐感情最好，所以看不慣母親對待大姐他們的態度，認為她不是好繼母。所以我對她的態度不好，也不親近她。工作多年後，我對母親所做的就是給她錢，但不給她愛。

直到我再婚後，我才知道母親的不容易。在那個物資匱

乏的時代，母親養活我們 7 個子女，但母親從沒在我們面前抱怨過大姐他們。如果是我，也做不到像母親這樣。我開始真正理解母親，並對母親有了深厚的愛。這是再婚給我最大的收穫。我想老天爺讓我再婚，就是為了處理好我和母親的關係，讓我去理解母親，熱愛母親。現在母親年事已高，讓她老人家安享晚年是我最大的心願。盡可能每天給她打電話，每年盡量多抽時間回家陪伴她，而不是僅僅給她錢用。

2. 懂得如何面對家暴

前面案例中的王霞，她和丈夫發生矛盾時，再婚的丈夫有時會打她，甚至用刀架在她脖子上，威脅要殺了她。開始的時候，王霞說她很怕自己死了，怕幾個女兒沒人照顧，怕母親沒人贍養。第一次提出離婚，王霞的丈夫把電視機什麼都砸壞了；第二次提出離婚，丈夫把王霞打得渾身是傷；第三次，丈夫威脅要殺了王霞。王霞說，她也經常學習心理學的課程。那時她剛上了一次心理學的工作坊。當時做了一個活動，「如果這是生命的最後一天，你該怎麼辦？」一直以來，王霞認為她不能死，她要養女兒們和母親。但那次，她發現，即使她死了，母親和幾個女兒依然有人照顧，失去了她，她們一樣能過好日子。原來，她可以死去。王霞說，從那次開始，她不再恐懼死亡。

　　所以，當丈夫再次威脅要殺了王霞時，王霞說她比丈夫更凶。過去，丈夫知道王霞怕死，總威脅要殺了她。但這次，王霞對丈夫說，「我死了沒關係。我有那麼多兄弟姐妹，母親的墓地我們都買好的，母親有人照顧。幾個女兒都工作了，她的父親還會照顧她們，所以我沒什麼牽掛了，不要用殺死我來威脅我。可你呢？你有女兒，你如果殺了我，誰敢和一個殺人犯的孩子結婚？你的母親因為你父親的家暴自殺，我不會自殺。但我現在也不怕死。」過去，王霞的丈夫經常衝進廚房拿把刀架在她的脖子上，嚇唬要殺了她。那次，王霞說，她毫無恐懼。她衝進廚房拿出刀來，對丈夫說，「你信不信，我會殺了你？」王霞說，那時她非常清醒，知道她不會真的去殺丈夫。她說她不會蠢到做出違法的事。但王霞的丈夫相信她已經不再恐懼死亡了。之後，丈夫再也不敢對她施暴了。所以，面對家暴，妻子首先要了解丈夫的底線。透過合適的方式方法，控制丈夫的家暴。當然，對於那些亡命之徒，也不能把他們逼得無路可走，否則，造成死亡事件對家庭都是無法挽回的傷害。

　　另外，對於家暴，不要以暴制暴。很多女性長期遭受丈夫的家庭暴力，隱忍多年，非常痛苦和壓抑，結果不在沉默中爆發，就在沉默中死亡。一些女性趁丈夫喝醉酒不省人事時，將丈夫殺害，將家庭毀了。這完全沒有必要。一方面我

們可以藉助法律的手段保護自己，另一方面，需要了解丈夫的軟肋，用恰當和適合的方式懲治丈夫，讓他改掉家暴的習性。

王霞告訴我，她當初非常愛她的前夫，所以面臨前夫的家暴，她除了以淚洗面、默默忍受完全不知怎麼辦。王霞說雖然前夫也愛她，但因為打她已經成為習慣，所以遇到矛盾前夫就打她。王霞說她除了哭還是哭。前夫也經常說她善良、老實，但還是控制不住打她。王霞說，她的前夫再婚後，遇到一個彪悍的女人。那個女人經常到前夫的公司，當著員工的面砸他公司，在家裡也經常拿刀說要砍他。結果，他很怕這個女人，根本不敢打這個女人。和她在一起生活，他完全不敢家暴，因為王霞的前夫是一個愛面子的人，怕丟臉。王霞說，當初她就是太顧及前夫的臉面，所以處處忍氣吞聲，不敢和他吵架。可前夫現在的妻子，非常潑辣，一點也不顧及他的面子，他反而不敢家暴了，怕得罪妻子，怕妻子鬧事讓他沒面子。因此，每個男人的軟肋不同，了解自己的男人，才能採取更加有效的方法，制止家暴的發生。

3. 愛別人別忘了愛自己

過去，我問前夫，你最愛的人是誰。他經常回答說最愛自己。我覺得他很自私。但現在，我認可這個觀點。我們不

能自私到只愛自己，但我們在愛別人的同時，不要忘了愛自己，對自己好一點。在第一段婚姻中，我太愛初戀的丈夫。那時感情單純而又善良，在愛情中迷失了自我，我忽略了自己，一味地遷就他，第一段婚姻中我的淚水從來沒有停止過。第二段婚姻，我考慮到愛和付出需要互相平衡，我開始知道，當別人無法給你所要的快樂和幸福時，你可以自己去創造和尋找。我懂得了如何珍惜自己、愛自己，我也因此生活得更快樂和幸福。

特別是我認為人生時間有限，要把有限的時間用在自己最值得珍惜的事上，所以，我現在從來不會因為那些無聊的事而煩心。我每天寫作、出書、諮商、講課、做志工、舉辦各類免費講座，幫助有需要的求助者。每天還要抽出時間運動、打球、唱歌。我需要有一個健康的身體，需要有一份對社會有意義和有價值的事業，需要實現自我價值。所以，我沒有時間去應付那些無聊的人事關係。我把全部的精力都用在對自己和他人有意義的事上。

我愛他人，如孩子、父母、我的學生，甚至我幫助的求助者。我也愛自己的身體，所以，儘管工作再忙碌，我也一定要抽出時間運動和唱歌，因為這有利於我身體健康，並保證足夠的睡眠時間。當然，我也很愛美，工作近 30 年後，每每看到自己不變的體形和身材，我都非常激動。欣賞自己

還是那麼美，還有馬甲線和腹肌；穿上衣服，還是那麼吸引人。正因為擁有這些愛，我也收穫了他人的認可、欣賞和愛。所以，女人一定要學會愛自己，這樣，妳才更有條件獲得他人的愛！

4. 不要去過度依靠男人

也不需要總是讓男人陪伴妳，可以有自己的興趣、愛好、自己的生活圈子。女人要學會享受孤獨，偶爾一個人待著，做自己喜歡的事，也是非常開心的，而不是每天都需要有一個男人陪伴自己。比如，我愛學習，愛寫作，愛唱歌，愛運動，愛找一幫姐妹們一起去 K 歌。沒有男人，我們一樣可以活得很精采！當然，我們也可以有自己的異性朋友，和他們喝茶、聊天或運動。即使結婚了，但也需要能獨立照顧好自己，讓自己一個人待著也不會感到孤獨。我喜歡一個人靜靜地看自己喜歡的電視，讀自己愛看的書，寫自己願意寫的文字！即使退休後，我也會繼續用我的專業知識去講課和心理諮商，參加社會公益活動，幫助有需要的人群。

在經濟學看來，男女之間的地位和性別的不平等，來自於經濟和社會貢獻的差異，也就是人們常說的「經濟基礎決定上層建築」，在封建經濟時代，女性由於體力的差異，確實在經濟產出方面落後於男性，但她們更多的貢獻到了家庭

方面。在未來，知識經濟和智慧經濟的發展，網際網路時代的來臨，讓智力的作用突出了出來，女性的特點反而更容易發揮自己的優勢。在經濟產出方面，女性和男性的差異是在縮小的。無論在經濟還是在獨立方面都過於依賴男性，實際上，是在加劇男女不平等的地位。

我認為一個人依賴的東西越少，就越能享受個人的自由。如有人依賴菸和酒，那麼沒有菸酒就不快樂了。而你如果不喜歡抽菸喝酒，那麼你就少了對菸酒的依賴。如開長途上高速公路時，抽菸的人時間長了就忍受不了，非常痛苦，必須中途下車抽菸；但不抽菸的人就少了這份痛苦和依賴。所以，你依賴的東西越多，痛苦也就越多。

在心理學看來，這種不平等多是父權社會的一些思想禁錮所產生，比如「男主外，女主內」等，主次之外，還有一些生理的原因，就是女性多為被動者，而男性多為主動者，造成了男性的一些優勢心理等。但在女權主義者看來，這些東西都是文化建構出來的，是男性為了控制女性而制定的。過於依賴男性，在心理上，會造成男性的疏遠和厭惡，所以，女性越有獨立生活的能力，越能更好地照顧自己。

一個家庭的和諧，需要兩個人的付出，但妳完全沒有必要去依賴男性。一個家庭的和諧，需要兩個人彼此理解、幫助和共同付出。現代社會，人們生活在忙碌和焦慮之中，需

要的是彼此的愛護和關心，如果在這個方面，多加努力，婚姻幸福的機率就會大大增加。

對於再婚的人而言，有的缺乏依賴的感情基礎。基於現實和利益結合的婚姻是很多的，感情方面就淡了一些。再婚的人，通常彼此都很現實，不會為了什麼愛情，付出過多的感情和自身的利益。婚姻關係中，愛的多的那個人常常更加容易受到傷害。因此，誰更加在乎對方，誰愛對方多一點，也許付出的就會更多一些。

在家庭暴力關係中，常常是那個占有慾強的人，自以為占有對方就是愛，會以愛的名義控制對方，甚至實施家暴。一些女性在單純的年齡愛上了對方，所以，會過度依賴對方，即使對方不珍惜自己、一身惡習或長期家暴，但女性還是默默承受，還誤以為這就是愛。其實，那是一種依賴關係。如果妳越去依賴他，也就越助長了他的不良習性，就更糟糕了。

離婚、再婚都不可怕，可怕的是不善於從中吸取經驗和教訓。對於再婚的人，請相信，每一種經歷都是一筆財富。我們需要看到每一種痛苦經歷背後的積極意義，並將這種收穫為妳自己創造幸福和快樂！如果妳看到的只有痛苦和不幸，那麼沒有人可以幫到妳。如果妳看到其中的積極意義，並從經歷中獲得成長，那麼所有的經歷都將成為妳的財富！妳的人生也因此與眾不同！成就獨一無二的自己！

第七章

走出心靈牢籠，邁向幸福新天地

　　對於女性來說，不管是遭遇性暴力，還是離婚，都要經過一個心理療癒的過程，由於這種傷害是嚴重和巨大的，使得一些女性無法釋懷，糾結在不堪回首的往事中，在自設的牢籠裡以淚洗面、自卑憂鬱，嚴重的甚至因此自殺死亡。

　　心理學認為，所有的療癒都是自己做出的，如果自己不想改變，沒有人可以幫助你。所以，你只有在精神上戰勝自己，才能自我療癒。當你走出自己設定的牢籠後，就會看到外面世界這美麗的景色，走向通往幸福和快樂的新天地！

第一節
遭遇騷擾後的心理調適：做自己情緒的主人

　　一些女孩，在被性騷擾後，罹患上了「性騷擾恐懼症」。對於「性騷擾恐懼症」的治療，雖然可以藉助於心理分析或者服用小劑量抗焦慮藥物等作為調節手段，但最根本、最有效、最沒有副作用的方法，是主動求助心理諮商師或心理醫生。在家人的幫助下，透過心理諮商，進行自我的心理調適。

　　「性騷擾恐懼症」不是一下子就達到某個程度的，開始的時候會很微弱，但隨著時間的增長，性騷擾次數的增多，這種傷害會帶給女孩一種刻骨銘心的傷痛，嚴重時還可能導致精神失常。

對於被騷擾的女性來說，從心理學角度來看，進行心理治療和調適的方法很多，有精神分析法、行為療法、認知療法、系統療法、厭惡療法、家庭治療，必要時需要配合藥物治療等。不管那種方法，最根本是幫助求助者找到深層的原因，促進她們重新樹立自尊和信心。

圖 7-1 心理調適和治療的方法

1. 精神分析

這種方法主要是引導求助者回憶自己的成長過程，特別是兒童期有關性方面的經歷，幫她們找出導致心理問題產生的根源，再給他們進行解釋分析，辨析不同的看法和態度，從而了解自己產生心理問題的原因。

2. 行為療法

　　心理諮商師、心理醫生或心理治療師與求助者建立諮訪關係，給予求助者關心和支持，讓她們以積極主動的態度面對現實。除此以外，還要與求助者一起討論心理問題的特點和治療的方法，即透過求助者行為的改變，促進他們心理和生理的改變。這是一種較好的輔助療法，在各個階段都可使用。

3. 認知療法

　　這種療法要求求助者回憶幼年經歷，幫助他尋找引起心理問題的根源並進行分析解釋，幫助其在自我行為認知上面有一個正確見解，即改變求助者不良的認知，建立新的、正確的認知。

4. 合理宣洩

　　讓求助者盡情傾訴鬱積在心中的鬱悶和矛盾，釋放心中的重負和不良的情緒，達到一定的心理平衡。比如大哭、聽音樂、傾訴等，也可以在心理諮商室，透過心理諮商師的言語引導，在安全的環境下，發洩內心的痛苦。心理學上認為，任何不良的情緒，都可以透過一定的宣洩方式，削弱它的影響。

5. 自我反省

自我反省，也可以稱為自我領悟，即分析潛意識中的矛盾和衝突，領悟自身的心理問題與癥結，消除致病因素，治癒心理疾病。心理學認為，無論多麼不符合邏輯，甚至是荒誕可笑的行為，其背後都有原因，如果能明白背後潛在的驅動力是什麼，就能更深入地認識和掌控自己。所以，遭遇騷擾的女性要透過分析和領悟，正確認識自己。

性騷擾雖然對我們造成了一定的傷害，但如果學會改變不合理的認知，那麼就可以將傷害降到最低。特別是我們傳統的教育和思想，過於強化女性的貞操和純潔，導致女性在遭遇性騷擾後，不斷認為自己是個不貞潔的女性，將來無法擁有好的婚姻和愛人，甚至周圍不良的輿論壓力，給女性造成二次傷害。如果能認識到這一點，相信自己只是個受害者，和過去相比，自己依然是純潔和值得別人愛的。首先是自己依然要愛自己，堅信自己是個純潔的女人，其次是家人不要因此歧視她們，也不要無限放大這種傷害，那麼受害人就能從痛苦中解放出來。

受性騷擾的女性要找到問題的根源。性騷擾本身不可怕，可怕的是受害人會將危害擴大化，變得不再相信其他人，因為恐懼不敢和男性正常交流。恐懼感和恥辱感是很多

受到性騷擾的女性，要先克服的。比如，可以採取宣洩的方法，向信任和可靠的人傾訴性騷擾，來降低其危害。

但有些女性遭遇性騷擾後選擇了隱忍，不敢告訴他人。這種心態也與我們的傳統文化過度宣傳女性貞操觀有關。這導致很多女性遭遇性騷擾或性侵害後不敢捍衛自己的權利，擔心說出來受到歧視或無法擁有好的婚姻。所以，很多遭遇性侵害的女性和他們的家庭選擇沉默，不敢報警，甚至不向任何人傾訴。這樣把祕密藏著心中胡思亂想，無人傾訴，會加劇心理問題的產生。

女性要想讓心理減壓，可以和自己說一些勵志或安慰的話，現代人喜歡用手機，也可以在手機裡發給自己一些鼓勵的話語。如：「我是一個好女人，我要好好愛自己！」「我什麼也沒有失去，我是一個值得愛的女孩！」或是看喜歡的東西、顏色、動物、季節、食物、電視節目、唱歌等。想像妳關心的人，例如親人、孩子，看看他們的照片。回憶鼓舞人心的歌、格言或詩歌，那些讓妳感覺好一些的句子或格言。還要嘗試以下幾種方法：

1. 直接反擊法

直接反擊是應對性騷擾的最有效的方法。與其自己傷害自己，不如讓那些傷害自己的人付出代價，讓他們為自己的

罪行負責。實際上，勇於反擊的人，本身就是勇敢和勇氣的表現，這種人往往被性騷擾很多次，也不會有什麼大的問題。

有些性侵或騷擾女性的男人是膽小無能的人，因此，只要妳勇於指出他的惡行，他們往往不敢繼續這樣做。當然，這樣做的前提，是在確保自身安全的情況下進行。如果在深夜兩人單獨相處時需要謹慎。我們的原則是：生命第一。在生命受到威脅的情況下，錢財甚至身體都可以給對方。事後我們再積極尋求求助。

2. 學著接納自己

不管自己遇到什麼重大的事情，都要用積極的心態來看。告訴自己，這是自己獨一無二的經歷。這種經歷一定是給予自己特別的生命意義，促進自身的成長，並從中吸取教訓，學會防備，不要為一些不必要的情緒而煩惱不已。凡事要往積極的方面想，少往消極的方面想。換一個角度看問題，將壞事變成好事。

3. 交幾個異性朋友

正常的異性交往對於一個人的成功是有很大幫助的。與其害怕男性，不如主動和男性交往，這樣對一個人的成長更加有利。任何時期特別是青春期的人，都會有對於異性的交往需求。要相信多數男人是值得信任的，他們也會尊重女性。

4. 關愛並照顧好自己

溫柔地對待自己，接納自己。這也是恢復健康的關鍵。對於遭遇性傷害的女性，要先照顧好妳的身體，合理作息，健康飲食，積極鍛鍊，將照顧好自己放在首要位置，不管是身體方面還是心理方面，請接納自己。自己並非因此變得不完美，而是因此變得更加成熟，閱歷更加豐富。

5. 獲得社會支持系統的幫助

社會支持系統，是指和我們建立了可靠和信任關係的人。比如自己的父母、親人、老師、朋友。當性傷害已經發生後，第一時間及時和自己最信任的親人訴說，尋求他們的幫助和支持。如果自己的親人沒有相應的保護意識，也可以尋求自己信任的老師或社會團體的幫助，如學校信任的老師、兒少保護機構等，透過他們尋找心理諮商師的幫助或法律援助。

在這裡，我特別想說，如果在學校或朋友之間，有類似這樣遭遇性騷擾的同伴，那麼可以組成一個互助的團體。透過大家分享共同的經歷，互相交流積極應對，對自己也是一種幫助，因為自己並不是孤立的。

小麗遭遇性傷害後，很長時間自卑無助。諮商時她告訴我，遭遇性傷害後，她一直是自己看書，尋求各種解脫的辦法。後來，她在一本書上看到，女性遭遇性騷擾比例最高的

國家，遭遇性騷擾人數達到女性總人數的三分之一。當看到這個數據後，她說自己釋然了。原來，每三個女性就有一個人遭遇過這樣的痛苦，所以，她並不是唯一一個有這樣遭遇的人。此後，她不再糾結這段經歷，而是把時間和精力用在對自己人生有意義的事情上。

總之，受到性騷擾的人，要學會駕馭並控制情緒，做自己情緒的主人。把曾經受到的傷害變成學習和生活的動力，用自己的優秀和自信完善自我，讓遭遇的挫折和不幸促進自己的成長和成熟。這樣，一個遭遇性騷擾的女孩慢慢就會發展成為一個身心健康、熱情活潑的優秀女孩。遭遇性騷擾的女性，只是比其他女性多了一些不同的經歷而已。也因此，要更加愛自己，甚至透過分享自己從痛苦中成功走出的感受，去幫助有類似經歷的女性，或是提醒那些單純、年幼的女生，告誡家長做好性教育工作。

第二節
強化預防性侵害措施及受傷害後的心理治療

關於性暴力的心理分析之類的文章，散見於各種評論和分析，它們多是零散的，分析得不夠深入，更關鍵的是它們和受害人的心理療癒，還有一段距離。如果能將各種性暴力

方面的知識綜合到一起，運用心理學的方法和工具，對那些遭遇性暴力的求助者，幫助他們找到一條更加有效的療癒之路，這是我所期待的關於性暴力心理學的主要內容。

傳統的性教育多數停留在傳授性知識的階段，對於如何預防性暴力以及遭遇性暴力後怎樣進行自救、心理治療等，還是非常欠缺的。對於被性傷害的人來說，如何進行心理療癒，才是最重要。因此，性暴力心理學，應該更加重視對被害人進行心理分析以及如何走向心理康復之路系統知識的傳授。

實際上，在目前而言，家長對子女的影響還是最大的，不論是普通性教育還是性暴力的教育，都是如此。如果家長對子女的性教育比較忽視，那麼他們就只能靠自己。其實性教育只是孩子成長過程中生存教育的內容之一。

動物世界，幾乎所有的雌性都會教給幼崽生存的各種技巧，而我們為了孩子的生存和發展最關注的常常只是孩子的學習。為了孩子生存，為什麼不提前教給孩子性知識呢？那也是孩子生存技能知識之一。因為只有這樣，我們才能更加有效地消除孩子成長過程中的不確定因素，避免給孩子帶來不必要的傷害，提高孩子自我保護的生存技能，促進孩子身心健康成長。

我希望未來政府相關部門，能出版以性暴力研究為主的書籍，幫助那些遭遇性暴力的求助者找到心理療癒的方法，

同時，為那些致力於研究性暴力的人提供教材和方法，我認為它應該關注以下幾個方面的問題：

1. 性暴力的施因

　　既包括施暴者的個人因素，也包括被害人的個人因素，以及他們在互動過程中的一種心理互動。一些研究者提出了這兩個概念，認為施暴者和被害人一般都具有某些特殊的性格、氣質、生理特質、能力等，使其容易實施犯罪行為或受到侵害。

2. 性暴力的危害

　　人們往往忽視性暴力給受害者帶來的長期傷害，而是錯誤地認為，傷害是短時間的，是容易康復的。心理學家提出了「性侵創傷症候群」的概念，指出被害人在短時間內會有各種強烈的負面情緒反應，以後依然會表現出相同和類似的情緒反應。我接觸的個案中，如果沒有進行心理諮商或治療，大多數受害者的傷害都無法自動消除。他們因此留下的心理陰影甚至終身都存在。

　　在這裡，我也希望人們能關注對施暴者及其家庭造成的傷害。通常，我們因為憤怒，往往只看到性侵行為給受害者造成的傷害，卻忽視了一旦施暴者被判刑，對施暴者也會產生重大影響。如有些施暴者是青少年，他們或許因為性教育

的缺乏、無法控制性衝動和性慾望導致性侵行為的發生。特別是性侵對象為 16 歲以下的女孩，那麼判刑會更重。這將影響兩個家庭的幸福，甚至此後，施暴者無法繼續完成學業、無法正常就業、結婚等。如果為青少年講講性侵事件，將影響他們的一生幸福，這對預防青少年性侵害事件的發生也有著積極的意義。

我過去展開性教育，只為女學生講如何預防性侵害。但現在，我也經常為男生講課，講解如果發生了性侵害行為，會對女性造成多大的傷害，並對施暴者自身的家庭和未來生活造成多大的傷害。所以，我認為這也是需要研究和關注的方向。

一個叫鄭東的單親父親，發現 13 歲的女兒小梅在網上交往了一個 20 多歲的年輕人後，他找到這個年輕人，讓他遠離女兒。此後，女兒問男孩為什麼不理他，年輕人告訴她是她的父親不讓他們交往，於是女孩開始離家出走，三天三夜沒回家。父親十分生氣。

此後女兒又一次和他吵架，竟然一個星期沒去上學，被老師從網咖找回來後，父親被叫到學校。再一次，父親提前做好了小梅最愛吃的飯菜，等女兒回家。從 6 點多一直等到 10 點多，小梅回來了。兩人再次發生爭吵，小梅說她不想讀書。父親一怒之下將家裡的鋼管折成兩截，拚命打她，最終導致小梅死亡。

　　小梅2歲時，父母離異，小梅跟著父親生活。青春期發現女兒不好管教，父親鄭東也曾讓小梅隨她的親生母親一起生活，但她們兩人在一起經常吵架。小梅的母親也無法管教她，最後還是讓她回到父親那裡。

　　小梅的父親16歲那年和一個女孩戀愛。那天晚上，女孩很晚也不願意回家，兩人發生了性關係。他認為的正常戀愛卻判為性侵案，因為女孩未滿14歲。那時小梅的父親並不知道女孩的年齡。小梅的父親因性侵罪被判刑。此後他的人生也發生了變化。因為有過犯罪記錄，他沒法找到一個好工作。而那個被他性侵的女孩，在幾年前，鄭東也見到，她在一家超市工作，沒有生育，生活過得很苦。

　　所以鄭東認為，女孩失去了貞潔就無法找到好男人，也無法擁有好的生活。因此，他擔心13歲的女兒和那個20歲的男孩交往，如果發生性關係會害了兩個孩子。鄭東不知如何管教最終親手將女兒打死。鄭東向法官請求一死，希望判死刑立即執行。一審判決，鄭東被判無期徒刑。

3. 心理治療方法

　　關注和研究，透過什麼樣的心理學工具和方法，可以幫助受害人更好地治療性侵帶來的心理創傷，不至於嚴重影響以後的工作和生活。以目前來看，各種的理論和工具，都存

在不足之處，因此，需要更深入地了解受害者被傷害後負面情感出現的機制，以及適宜的心理治療方法，幫助這些受害者盡快走出陰霾，開始新的生活。

4. 心理療癒過程

關注和研究，透過什麼樣的心理治療過程，可以產生更明顯的治療作用，受到的治療阻力最小。它關注的是心理和情感的階段，什麼階段會出現什麼反應，然後採取一定的措施，將不利於治療的因素加以排除或者予以規避。

5. 性暴力防治教育

這裡的性暴力防治，我認為不僅僅要針對受害者，也應該加強對施暴者的教育。很多時候在報導性暴力案例時，僅僅只是強調受害者受到的傷害，卻忽視了對施暴者而言，被判刑也毀了他們自己和家庭。從另一個角度看，他們也是性侵案的受害者。如一些青春期的男性性侵未滿 16 歲女孩，有些男孩僅僅是看了色情影片後無法控制自己的性慾，臨時起意性侵了鄰居女孩等等。這些男孩有些原本也是學業優秀的大學生、高中生。所以，讓施暴者受到教育，學會管理和處理自己性慾望的能力，培養他們的自制力，讓他們掌握轉化能量的方法和技巧，成為一個守法的公民，不做性侵他人的事，也是對施暴者的一種保護。

透過以上的研究，最終的目的是，找到更加科學的防範性暴力的教育方法，傳授防範性暴力的相關知識，建立個體和群體性暴力的心理危機干預與應激幫助的機制，讓科學的性教育幫助人們遠離性暴力的傷害。

在心理諮商的過程中，我發現，很多女性感覺痛苦不堪，但她們不是無法徹底治癒，而是缺乏有效的治癒方法。她們當中的有些人有著較強的自我療癒的天賦，能很快找到新的異性朋友，並開始新的戀情和生活。即便那些自我療癒能力不強的人，經過一定的治療，也能得到較好的康復。我告訴她們，只要她們願意主動尋求改變，她們就能創造奇蹟，並最終療癒自己的心理疾病。

形形色色的性暴力，包括兒童性暴力、家庭性暴力、戰爭性暴力等等，每年被性暴力傷害的女性數量是非常大的。據一份數據統計，美國每年有多達 130 萬女性遭到性侵，遠比司法部公布的官方數字高。很多統計數據都不完善，所以真正被性暴力傷害的女性可能遠遠大於這個數字，甚至是幾倍的增長，只不過很多女性選擇沉默對待而已。這麼多被性暴力傷害的人群，卻得不到應有的治療，是非常遺憾和可惜的。

治癒性暴力的傷害並不是那麼困難。很多時候，只要將對方心身疾病的原因找出來，結合一定治療方法，糾正她們錯誤的觀念，引導正確的認知，她們可以得到很好的康復。

　　但一些女性背著沉重的心理負擔，不敢求助，不知如何求助，因此獨自承受痛苦，有的甚至孤獨地生活了好幾十年，其受到的心理傷害之深可想而知。

　　性侵和性暴力對女性造成最嚴重的是心理傷害。女性朋友們更需要的是心理的療癒，可是，現在的困難是太多的女性朋友們，由於自身和其他的一些社會顧慮，認為這是不光彩的事，害怕曝光遭遇性侵的事會受到更大的傷害，因此不敢大膽地談她們遭遇性侵的經歷，也就無法得到及時和有效的心理療癒。

　　很多時候，她們都是獨自將傷害作為一個祕密和隱私藏在心底，默默承受著痛苦。特別是那些遭遇親人性侵的女性，為了家庭整體的利益，她們不願意告訴他人自己受到的傷害。這種無法或不敢向外人述說的隱私，常常讓她們痛苦不堪。有些時候，她們意識不到自己受到的心理傷害。特別是那些對婚姻非常重視的女性，當遭遇性暴力後，對她們婚姻生活的影響更大。尤其是深受傳統思想影響的女人，處女心結、貞操觀、不潔女人等，在遭遇性侵害後讓她們自覺低人一等，自然不會主動說出自己被性侵的事實，也就無法治癒她們的心理創傷。

　　性暴力的心理學，著重在研究和應用心理學的工具，找到並治療遭遇性暴力受害者的心理問題，幫助他們解決痛

苦。與傳統的心理分析不同，它是系統的和向後的，更關注
受害者的心理療癒，以及後期生活的積極和健康。這樣的心
理學，才是受害者最需要的，也是最為科學的。除了可以對
女性產生直接的治療作用之外，性暴力的心理學還應有以下
的積極作用。

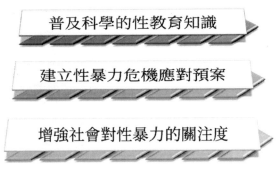

圖 7-2 性暴力心理學可以發揮的作用

1. 普及科學的性教育知識

　　一些性暴力的發生，是因為性教育的缺乏、滯後和不科
學引起的。在一個人成長的關鍵時期，對他們進行科學和健
康的性教育知識，他們才能學會管理自我的能量，規範自我
的行為，培養自制力，增強能量轉化的能力，減少性暴力的
發生。特別是對男性而言，接受性教育知識，更加有利於他
們不做性侵女性的犯罪行為，成為一個尊重女性、不違背女
性意願的守法公民。

2. 建立科學的性暴力危機應對預案

對個體和群體的性暴力事件發生之後，不應僅僅是媒體的報導，而更應該有社會援助體系，幫助受害者遠離性暴力的傷害，杜絕任何心理問題和疾病的產生。為什麼那麼多的人，有時反而譴責受害者，因為社會關於性暴力的援助不到位。社會支持系統、社會求助系統、社會正確的輿論導向等等，均會對遭遇性暴力的受害者產生各種影響。如果整個社會對遭遇性暴力的受害者是支持、鼓勵她們勇敢地站出來指出施暴者，並對施暴者予以譴責和法律懲罰，那麼她們就不會遭遇歧視、偏見，也不用承受來自社會、輿論的壓力。

比如在美國等一些國家，如果家中有女性遭遇性侵，他們的丈夫和家人會陪同她們一起報案，並支持她們舉報嫌疑人，給予她們精神等各方面的支持和幫助，整個社會不會因此歧視她們，而是欣賞、讚美、鼓勵她們的勇敢行為，那麼這會導致社會形成有利於受害者主動報案，揭露施暴者的罪行，形成一種良性的性暴力危機應對機制。

3. 增強社會對性暴力的關注度

社會對於性暴力的關注，往往是從負面切入的，看似在譴責施暴者，實際上是對受害者的傷害，類似泛娛樂化時代的噱頭。透過性暴力的心理學，讓人們看到性暴力心理和傷害的發

生機制，以及治療的方法和過程，可以增強社會對性暴力的正面認識和關注度，同時可以科學地糾正人們的不健康心態。

伯科維茨（Leonard Berkowitz）說：「我們需要更加關注性暴力問題，過去多年的犯罪統計顯示，性暴力犯罪幾乎已經影響到每一個美國家庭。」隨著性暴力研究的深入，它也理應走向顯學（是指一時在社會上處於熱點的、顯赫一時的學科、學說、學派），讓更多的人因為它而得到實際的利益和改變，這無疑將是受性暴力傷害者的福音。

第三節
及時進行心理危機干預

這裡的心理危機干預，是指對性心理處於危機狀態的人給予適當的心理援助，使之盡快擺脫不適和困難。心理危機本意是指由於突然遭受嚴重災難、重大生活事件或精神壓力，使生活狀況發生明顯的變化，尤其是出現了以現有的生活條件和經驗都難以克服的困難。

當事人一般會陷於痛苦、不安狀態，常伴有絕望、麻木不仁、焦慮，以及行為障礙。心理危機干預，就是要消除當事人的這些不良情緒，讓他們回到正常的生活軌道。如果女

性受到了性暴力，出現了心理問題，就是創傷後的應激障礙。

人的一生，會遇到不同的心理危機。對於性侵的受害人而言，未成年人會遇到自我認識的危機，青年人會遇到戀愛和學業等方面的危機，中年人會遇到家庭和社會關係等方面的危機。根據應用危機理論，可以將危機劃分為三種類型：

1. 發展性危機

發展性危機是指在正常成長和發展過程中，急遽的變化或轉變所導致的異常反應。例如，進入青春期後對性的認識不良就可能導致發展性危機。這種危機是正常的，但每個人所面臨的具體情況是獨特的，因此必須以獨特的方式進行評估和處理。

2. 境遇性危機

境遇性危機是指當出現罕見或超常事件，且個人無法預測和控制時出現的危機。交通意外、被綁架、被性侵、突然失業等都可以導致境遇性危機，它具有隨機性、突然性、震撼性和災難性等特點。被性侵後，當事人很快出現心理問題，都屬於這一種類型。

3. 存在性危機

存在性危機是指伴隨著重要的人生問題，如關於人生目的、責任、獨立性、自由和承諾等出現的內部衝突和焦慮。這種危機可能是基於現實的，也可能基於後悔，還可能基於一種壓倒性的、持續的感覺。被性侵之後，心理陰影持續很長時間，都屬於這一類型。

心理危機產生的原因從整體來說可以分為生理因素和社會因素兩類。生理因素引起的危機是指人在生長發育中不可避免的危機，如青春期發育的生長危機、妊娠、分娩期造成的生理功能的紊亂等。對於性侵的施暴者和受害者而言，都存在一定的生理因素。

社會因素引起的危機是指人在社會關係活動中不可避免的危機，包括戀愛關係的突然破裂，重要考試失敗、失學、失業，晉升失敗而產生的事業危機，遭遇急性嚴重疾病、受傷及其他意外事故等而產生的心理危機。被性侵所帶來的傷害，與社會有很大的關係。

個體危機反應的嚴重程度並不一定與事件的強度成正比，也就是說對危機的反應有很大的個體差異，相同的刺激引起的反應是不同的。那麼危機反應程度到底受哪些因素影響呢？

一般來說，個體的個性特點、對事件的認知和解釋、社會支持狀況、以前的危機經歷、個人的健康狀況、干預危機的資訊獲得管道和可信程度、危機的可預期性和可控制性、個人適應能力、所處環境等都會影響危機反應，減弱或者增強事件本身的影響。

事件發生越突然、持續時間越長，對心理損害的程度就越嚴重，當事人對事件的危害性與嚴重性的評估越嚴重，越容易產生危機；人格健全、心理素養好、應付技巧高，方法適當，社會、家庭、親友能及時給予受害人幫助與支持，越不易發生心理危機，這是一般的規律。

心理危機的心理反應類型，分為急性疾病時的心理反應和慢性疾病時的心理反應。

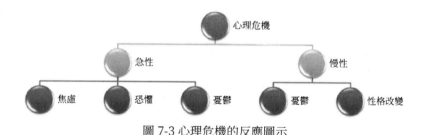

圖 7-3 心理危機的反應圖示

1.急性疾病時的心理反應如下：

一是焦慮，當事人感到緊張、憂慮、不安。嚴重者感到大禍臨頭，伴發自律神經失調，如眩暈、心悸、多汗、震

顫、噁心和大小便頻繁等。二是恐懼，當事人輕者感到擔心和疑慮，重者驚恐不安。三是憂鬱，當事人因心理壓力可導致情緒低落、悲觀絕望，對外界事物不感興趣，言語減少，不願與人交往，嚴重者出現自殺觀念或行為。

2. 慢性疾病時的心理反應如下：

一是憂鬱，多數心情憂鬱沮喪，尤其是性格內向的當事人容易產生這類心理反應。可產生悲觀厭世的想法，甚至出現自殺觀念或行為。二是性格改變，如總是責怪別人、責怪醫生未精心治療，埋怨家庭未盡心照料等，故意挑剔和常因小事勃然大怒等。這種慢性的心理反應，對於受害人的傷害更大。

心理危機干預技術是根據不同個體對事件的反應，可以採取不同的心理干預方法，如心理疏導、支持性心理治療、認知矯正、放鬆訓練、晤談技術（CISD）等，它們可以造成改善焦慮、憂鬱和恐懼情緒。為了帶給受害人明顯的作用，很多都是綜合採用多種技術和方法。

心理危機干預 ABC 法比較有代表性，A 代表心理急救，穩定情緒，B 代表行為調整，放鬆訓練，晤談技術（CISD），C 代表認知調整，情緒減壓和哀傷輔導。還要調動和發揮社會支持系統的作用，鼓勵多與家人、親友、同事的接觸和聯繫，減少孤獨和隔離。

　　一般的干預過程是，首先取得受傷害人員的信任，建立良好的溝通關係；其次是提供疏洩機會，鼓勵把自己的內心情感表達出來；第三是對求助者提供心理危機及危機干預知識的宣導、解釋心理危機的發展過程，建立自信，提高對生理和心理應激的應付能力。

　　總體的干預原則，是積極的支持性心理治療結合藥物治療，以最大程度減輕其痛苦，選用藥物時應考慮疾病的性質、所引起的問題，以及求助者的憂鬱、焦慮症狀。對受害人而言，如果沒有典型的身體問題，精神狀態也還可以，可以不必考慮服用藥物。如果牽涉到用藥物的問題，心理諮商師沒有處方權，不能給求助者用藥，需要到醫院由心理醫生或心理治療師給予藥物治療。

心理療癒的四個注意

　　1. 心理危機干預是針對處於心理危機狀態的個人給予的一種心理援助。

　　它不是程序化的心理治療過程，而是一種心理服務，以產生實質性的效果為目的。

　　2. 干預實施的最佳時間是遇創傷性事件後的 24 小時到 72 小時。

　　24 小時內一般不進行干預。若在 72 小時後才進行干預和

治療，效果就有所下降。若在4週後才進行，作用明顯降低。

3. 採用的很多方法是最簡易和有效果的。

比如，傾訴、危機處理（心理支持）、鬆弛訓練、心理教育、嚴重事件集體減壓等。

4. 往往需要和家庭社會支持系統結合起來。

尤其是遭遇重大傷害的時候，心理危機干預、自我療癒都是和家庭社會支持系統緊密結合在一起的，才能發揮最好的效果。

性侵造成的危機事件包括如下：

1. 性生活障礙

性侵可能造成性心理障礙，恐懼性生活等，從而造成自己的性功能失常。一些被強暴或被性虐待過的婦女，會有性功能失常的情形發生。比如陰道痙攣的現象，一旦與男友進行性行為，會產生激烈的對抗。因無法與心愛的男友完成性行為，自己非常痛苦。

2. 學業障礙

性壓抑和性暴力，都會造成一個人的注意力不專注，記憶力分散，學習成績下降，總不能提高的問題，嚴重的會面臨轉學、輟學等問題。如果這種障礙長時間不能得到解決，就會成為升學障礙，當事人會極為擔憂。

3. 戀愛障礙

性侵造成的心理陰影，一是會使自己長時間不敢戀愛，即便很大年齡，還是如此，二是在戀愛中出現緊張、敏感、憂慮等各種複雜的情感，造成不能和對方進行正常的情感交流，常常因為不必要的事情而吵架，從而分手。

4. 婚姻障礙

分為婚外性侵和婚內性侵，都可能造成婚姻的破裂。丈夫在得知妻子有被性侵的經歷後，有一些對妻子的感情會有所改變，而妻子不能接受，從而產生各種摩擦和問題。婚內性侵就是丈夫可能會對妻子進行性暴力，從而使兩人感情變得冷淡。

5. 人際障礙

總是擔心被人另有圖謀，不敢敞開心扉和人交流，也沒有幾個要好的朋友。人際交往的障礙，可能使得受害人孤立無援，所以，父母的幫助是最為重要和及時的。如果長時間不能得到改變，其在人格、性格等方面，都會有一些改變。

6. 性格障礙

本來活潑好動的女孩，在被性侵後，可能變得憂鬱、低調、不願與人交往，活潑開朗的性格會變成鬱鬱寡歡的性

格，善良、信任別人的性格，會變得嫉妒、時時提防別人，性格的改變是對當事人最大的傷害。如果得不到糾正，引起其他很多問題。

一般而言，透過一定的心理危機干預，多數的受害人，都可得到較好的心理治療，康復的也比較理想。這些受傷害的女性，性侵發生之後，不要自己一個承擔傷害的後果，社會關心妳們的人大有人在，只要妳們願意改變，不但不會受到歧視，還會得到尊重和理解。

性侵事件發生後，一些女性或家長不知如何求助。那麼，可以透過兒少保護機構、婦女保障機構等組織尋求專業的心理諮商或法律援助。可以上網查詢相關組織的電話和地址，年幼的女童由家長陪同，年長的女性可以自己獨自前往尋求幫助。一般在這樣的組織機構中，都有專業的律師、心理諮商師、家庭教育專家隊伍。他們在這方面有著豐富的經驗和專業知識，可以用專業、系統的知識幫助受害者。而且現在，這些隊伍也越來越規範，各地都有比較健全的組織機構，所以，可以透過網站查詢，找到相應的組織機構，他們會提供免費的專業幫助。這對受傷害的女性是及其有意義的。通常，遭遇性傷害後，僅僅依靠自己心理調適，效果不太理想。在專業人員的幫助下，可以比較快地進行療癒，而且病癒後效果也比較好。

對於這些受傷害的女性來說，在家長或自己主動尋求幫助的情況下，對未來的生活影響可以降到最低。所以，希望這些女性，主動求助。而且，專業的心理諮商師有保密原則，不會將妳們的傷害進一步擴大。

第四節
自我治療，提升心靈境界

對於心理諮商師而言，心理療癒大致遵循一些類似的階段，不過，對於具體的個體而言，心理療癒是有很大的不同的。有的人，經過幾次的心理療癒諮商，就可以得到很好的治療，而有的人，即便經過了很長時間，心理的創傷還是難以平復。讓心理療癒的過程，更加符合個體的特點與心路歷程，對於康復是有一定的幫助的。

在沒有進行心理諮商之前，因為幼年遭遇兩個哥哥性侵形成的心理癥結，可欣長時間感到很痛苦。每每想起，她總有一股無法控制的淚水，那種傷痛無法療癒。為了治癒自己，她參加心理諮商師的培訓。在課間休息時間，她控制不住自己，就去找了授課的美國老師。

老師聽了她簡單介紹後，做了一個時間很短的心理治

療。老師說：「過去妳一個人承受這痛苦。妳是孤單的，妳是無助的。但現在，妳不孤單，因為有我們陪伴和支持妳。妳是如此的特別，妳不該遭受這樣的痛苦。」

但很快上課時間到了，老師要上課了，無法對她做進一步的處理。只有那麼簡單的幾句話，讓可欣有點失落，但老師已經盡力了。因為她沒時間也沒有責任處理個案。美國老師僅是對她進行了一次安撫，並沒有真正給她進行諮商。

心結還在，無法釋懷的過去還放在心裡，讓她倍感糾結。她想看看真相是什麼？為什麼發生這一切？為什麼她至今無法放下？她一直覺得，沒人能真正幫到她，也沒人能解決她的問題，更沒人真的理解她受到的傷害和痛苦。她想，也許只能是她自己治癒自己。

第二天，是一節冥想課。老師說，想想妳手上拿了一把金鑰匙，開啟一扇門，看到一個書櫥，拿出一本書。那是一本關於妳自己的書，妳在書上寫下，妳是獨一無二的，妳是無人取代的，妳的經歷是如此的不同和特別，妳是善良的，妳是智慧的，妳是優秀的，妳如此與眾不同……

在最初的課程中，每次老師引導冥想的時候，可欣的思緒都走得很遠，無法跟隨老師的冥想。但那一次，在找老師諮商後第二天早上的冥想，帶給她很大的觸動。冥想進行到最後的時候，她開始流淚，一行又一行；然後，淚流滿面。

她認為這是老師試圖透過這樣的方式對她進行療癒。

冥想中，她想到自己。這一生她為別人付出太多太多了，她一直討好別人，討好父母、丈夫、孩子，她一直在付出和燃燒。淚水伴隨著她，感悟越來越多。她認為這是老師對她進行的一個療癒。最終她得出結論，以後一定要對自己好一點，多關愛自己一點……

這個時候，她突然覺得，曾經的經歷還存在，那份傷和痛也還在，但已沒那麼重要了。未來的日子，她知道了該如何對待自己，如何改變自己。那一刻，她相信，沒有任何諮商師或治療師比她更懂得關愛自己，更知道自己需要什麼，自己要改變什麼！

她知道，她被療癒了。這個治癒傷痛的人不是別人，正是她自己。

第三天，是角色扮演課。老師讓可欣挑選父親、母親、大哥、三哥的扮演角色。然後，讓她走向親生哥哥「三哥」。她不能也不願意走向他，就本能地往後退。恐懼、害怕，讓她泣不成聲。當可欣講到那隻跳到床上的寵物狗，而她誤以為那是三哥的頭髮，以為是三哥再次要性侵自己時，嚇得撕心裂肺地哭喊。

這時，老師讓她仰面躺在鋪上床單的地上，用雙腳憤怒地蹬向豎起的床墊，用力喊出她的傷心和憤怒。也許從沒這

樣發洩過自己的情緒，她不停地喊著，「你們走開，滾開！」「為什麼，為什麼要這樣對待我？」直到喊得聲嘶力竭，全身抽搐。

老師讓她走向第一個性侵她的同父異母的「大哥」時，可欣說：「你為了報復母親才這樣對我，我是無辜的呀。你為什麼那麼蠢，要這樣對待我。這件事對我傷害很大很大。記得我讀大學時，你送我去搭車，一路提醒我路上注意安全，不要受騙上當，不要喝陌生人的飲料……大哥，我已經原諒了你。我一直就沒有恨過你。我希望你也放下這件事，以後好好過日子，我希望你過得開心快樂！」然後，音樂響起，她過去擁抱了「大哥」，哭得聲淚俱下。

接著，老師讓她走向「母親」，擁抱「母親」，音樂響起。可欣說：「媽媽，對不起。我過去一直因為幼年受到的傷害，對妳充滿了仇恨。我認為這一切都是妳造成的，因為妳對大哥不好，所以他想報復我。但現在，我不這樣想了。妳 20 歲就做大哥、二哥的繼母，是多麼的不容易，而且妳非常愛我們。我希望妳開心快樂，妳也不要再為我們操心了，我們會安排好自己的生活。」

老師帶著她和「母親」，走向「大哥」。老師讓可欣跟著說：「媽媽，這是我們兩個人共同的功課，需要我們一起完成。現在我們已經完成了這個功課。以後好好過日子了。」

然後音樂響起，可欣過去擁抱媽媽，她們哭成了一團。

然後，老師問可欣，這樣可以結束了嗎？但她說，還想對「三哥」說話，可欣說：「三哥，我一直很愛你。可這件事發生後，我是那麼害怕你。雖然知道你也很愛我，但我不願意和你走近。但你真的很老實。小時候一個冬天，你為了撿枯樹枝從樹上摔下來，摔斷了手，但不想吵了我們睡覺，那麼冷，你晚上跑到門外去哭，不願意在家裡哭吵醒我們。你一直和母親生活在一起，你是最孝順的，替我們照顧母親，從不惹她生氣。你那樣善良，脾氣也很好。」然後，音樂響起，我過去擁抱「三哥」，扮演哥哥的男人也哭得厲害。

老師再次問我，可以這樣結束嗎？可欣還要和「父親」說話。父親的扮演者腳有病，只能坐在椅子上。父親早已過世，她跪在「父親」面前，泣不成聲：「爸爸，對不起。小時候，您從來沒有抱過我們。我一直很羨慕其他女同學，可以在爸爸腿上玩滑滑梯。您總出差，回來我們都很怕您。晚年，您為了彌補我們，總盡量為我們做事。爸爸，我一直沒有機會告訴您，我愛您。如果有來世，我一定還做您的女兒。」音樂響起，老師讓其他學員將她抱到「父親」的腿上，大家緊緊地擁抱著他們，簇成一團。

角色扮演的諮商，持續了 1 個多小時。因為哭喊得太累了。休息時，可欣幾乎不想講話。老師也叫其他學員不要打

擾她。此後，老師讓所有願意支持她的學員和她擁抱。結束後，老師還希望她透過某種方式，和兩個哥哥做一個現實的溝通，告訴他們我已經原諒他們了，可欣也答應了下來。

可欣感覺自己是徹底療癒了，從此不再糾結這件事。她想起一句話：「讓別人做你痛苦的見證人是很有價值的。許多人發現，最令人痛苦的不僅僅是兒時苦難的歷程本身，還是因為沒有人可以傾訴、理解和見證他們的痛苦。」

可欣過去一直沒有勇氣做心理諮商，不敢向別人傾訴自己幼年遭遇兩個哥哥性侵的經歷。但在 60 歲那年，她被檢查出患有乳腺癌。想著也許生命剩下的日子不多，所以，她下決心要面對自己的問題。因為遭遇兩個哥哥性侵讓她每天以淚洗面，無法放下這種傷害。在長達 40 年的時間，她沒有回娘家過年，因為她不願意看見兩個哥哥。如今父親已經離世，但母親和大哥、三哥還健在。她想回家過年，所以，她鼓足勇氣，決定在心理工作坊中做個案。這需要很大的勇氣。可欣的三個女兒已經結婚生子。她們也知道母親幼年的遭遇。當她決定這樣做時，還是很猶豫，所以，她徵求三個女兒的意見。她們都鼓勵和支持她，因為她們知道母親因為這件事太痛苦了，也知道母親婚前主動告訴父親，她幼年遭遇性侵的事，婚後父親經常對母親實施家暴並有外遇，最終離婚。

所以，60 歲那年，可欣報名參加了一個個人成長的工作

坊，因為她從來沒有真正面對自己的問題。她相信，當更多人知道她的故事時，她就不在乎什麼隱私或祕密。所以，她主動爭取做了心理諮商的個案，在所有學員的面前，呈現她的經歷。她希望今後自己能開心地生活，而不是把傷痛一直放在心上。她也想回家過年，看看母親和親人。

上述的案例中，求助者可欣剛開始向美國老師諮商，但還是認為沒有人可以幫助到自己，只有自己療癒自己。雖然僅僅是嘗試，卻是非常關鍵的，它表示可欣渴望被療癒，渴望得到其他人的幫助。在冥想課上面，可欣精神境界開始昇華，開始變得平靜，不再糾結過去的痛苦，這是初步得到治療的表徵。在角色扮演的課堂上面，可欣盡情地宣洩自己的情緒，盡情地流淚和哭喊。透過這種儀式，她把心裡想說的話和傷心、委屈等情緒都表達了出來。當對著兩個傷害她的哥哥、對著父母說出內心的想法時，她把壓抑多年的煩惱、痛苦、委屈都表達出來，也表達了對他們的諒解和愛。透過這樣的一種儀式，她既把過去壓抑的情緒進行了釋放，又和往事做了一個告別，從此得到了徹底的康復和療癒。

根據當事人的康復情況，心理療癒一般可以分為三個階段：

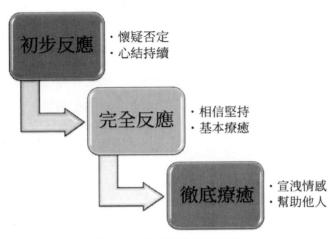

圖 7-4 心理療愈的幾個階段

1. 初步反應

求助者表現出一定程度的麻木、否認或者不相信，依然會維持之前的受傷狀態，但是已經開始嘗試著去尋求幫助，尋找療癒自己的途徑。比如上面的例子，可欣僅僅得到了幾分鐘的諮商時間，主動找美國老師諮商，雖然心結還在，但是已經感覺到了療癒的希望。

2. 完全反應

求助者開始進入諮商的狀態，感到激動或者平靜，不再糾結過去的痛苦和傷害，可以說，已經得到基本的療癒。比如上面的例子，在冥想的過程中，可欣的思想得到了昇華，

開始關注主體本身的情感和狀態，其實，她已經得到基本的
療癒了。

3. 徹底療癒

求助者完全放棄任何之前的觀念，不再有痛苦和傷心的感
覺，可以向其他人訴說自己的遭遇，甚至用自己的經歷去幫助
和開導他人。比如上面的例子，可欣經過角色扮演之後，盡情
地哭泣和喊叫，把多年鬱結的情感都宣洩了出來，得到了徹底
的治療和康復，並原諒了兩個哥哥和母親。之後她決定要把自
己當成一個案例，用自己的經歷幫助他人療癒自己。

心理療癒並沒有什麼固定的階段和過程，一切對求助者有
幫助和對症的措施，都可能產生非常大的作用。有一個案例：

一個學員追著祈求約翰老師給他心理諮商，但老師不給
他做諮商。

整整 5 天，他追著老師，求他諮商，但老師不理他，也
不給他諮商。奇蹟的是，課程結束後，他竟然自己療癒了。

諮商師有時並不需要立即滿足求助者的願望，一切以求
助者為中心。適度的冷落或不理會也許會讓求助者明白，他
的問題必須他自己解決。這也許就是一種治療方法！即無為
而治，助人最終是自助！

心理晤談是透過系統的交談來減輕求助者的壓力的諮商

方式。晤談的目標，是公開討論內心感受，支持和安慰，幫助求助者在心理上消化創傷體驗。心理晤談的過程，一般可以分為四期。

1. 介紹期

彼此進行自我介紹，心理諮商師介紹晤談的一些規則，解釋保密等問題。求助者介紹自己的情況，求助的原因，期待諮商的目標等，都要盡量清楚。

2. 症狀期

求助者描述自己的應激反應症狀，如失眠、食慾不振、注意力不集中、記憶力下降，決策和解決問題的能力減退，易發脾氣，易受驚嚇等，詢問有何不尋常體驗，事件發生後，生活有何改變，討論對家庭、工作和生活造成什麼影響和改變。

3. 輔導期

講解事件的應激反應模式，強調適應能力，討論積極的適應與應付方式，提供有關進一步服務的資訊，提醒可能的並存問題，給出減輕應激的策略等。

4. 恢復期

總結晤談過程，回答問題，討論未來的行動計劃。如果是小組個人成長的工作坊，則需要強調小組成員的相互支

持，可利用的資源等。

整個過程需 2 小時左右完成全部過程。除了那些分離（轉換）性障礙，教會所有被干預者一種放鬆技術：呼吸放鬆、肌肉放鬆、想像放鬆。

具體到個體的心理療癒，有的比較簡單，透過幾次心理晤談也許就可以解決問題，但另一些人比較的複雜，這時就需要像上面案例的一樣，需要透過系統的心理療癒課程，讓求助者在思想和精神上面，都得到一定程度的提高。

但無論是採取怎樣的諮商方法和技巧，最重要的還是求助者本人，要有強烈的求治和改變願望，這樣的諮商和晤談效果才會比較好。

第五節
及早進行心理治療，將傷害最小化

現在，被傷害的很多女性，很多人不但不去報案，也不進行任何的心理諮商，只能自己默默地承受著一切。一個女孩被性侵後，所在的學校和教育部門，以及家庭、社會等都應該立即行動起來，而不應該讓孩子獨自承擔一切。

性侵所帶來的傷害，只要處理得當，其危害會減小很

多，但問題往往出在後面的處理和應對上面，社會的責備、同學的歧視、家長的沉默等等，都給女孩造成了很大的心理壓力，這種壓力如果長時間得不到排解，就會演變成嚴重的心理問題，因此，需要及早對她們進行心理治療。但為什麼很多女孩都不願意治療呢？主要是因為如下原因：

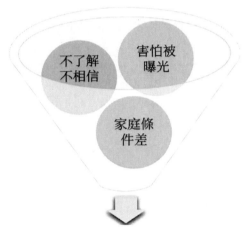

圖 7-5 女性受傷害後不進行治療的幾個原因

1. 不相信他人

受害人認為，只有自己才能幫助自己，對他人都有防備心理。同時，她們對心理諮商缺乏了解，擔心自己的隱私曝光後無法被保密，擔心心理諮商師不能妥善處理。更害怕處理不好，遭遇社會或其他人的歧視。

不過，這也需要受傷害的女性，先要了解一下心理諮商

師。因為心理諮商師的諮商水平個體差異比較大，一般最好找這方面比較有經驗的心理諮商師。稍微打聽一下，就知道哪個諮商師比較擅長做這類性侵案例的諮商。

2. 害怕被曝光

害怕面臨社會壓力，害怕被人知道之後，人們鄙視的眼光，害怕影響家庭的聲譽，所以選擇躲避，選擇沉默，即便想接受別人的幫助，即便想去諮商，也因為這個原因，最後不了了之。應該說，多數女性都是害怕面臨被曝光後的社會壓力，才選擇這種方式的。

3. 家庭條件差

有時家長不好意思和孩子談性，但在心理諮商師面前，孩子會輕鬆地談論性的困惑。不過由於貧窮等原因，一些孩子害怕給家裡造成新的困難。心理諮商一般以小時計費，收費有很大差異，通常在 2,000~3,000 元不等。有些人對心理諮商的收費標準不太能接受，總認為這樣的收費太高了。其實，一個水準較高的心理諮商師需要接受各類專業培訓和學習，他們不僅需要接受正規大學或研究生的學習，還需要參加各類心理工作坊的培訓和學習，這類培訓費很高。因此，要成為一個經驗豐富的心理諮商師，他們自身的受教育費用也非常昂貴，這也是造成心理諮商收費較高的原因之一。

有一些社會組織，會根據求助者的不同情況，提供免費的心理援助。但相對來說，付費的心理諮商效果會更好。因此，如果有條件，盡量找付費的心理諮商。

一般來說，在出現心理問題的初期，進行治療效果往往較好，花費也不多。有些家長認為自己的孩子沒什麼問題，或者問題不嚴重，一直拖著不進行心理諮商，直到問題非常嚴重了，才進行心理治療。可是，這時候已經晚了。這時候，不僅治療所需要的時間長，所需的費用也會較高，但對孩子的傷害也最大，有些甚至無法治癒。

我接觸了很多患有思覺失調症的孩子，如果早期對他們進行治療，可以很容易獲得治癒。但有些孩子拖延的時間太長，幾年之後已經成為嚴重的思覺失調症患者時，再到醫院求治，治癒的希望往往較小。所以，希望家長在孩子剛出現心理問題時，及時進行治療，以免耽誤孩子的康復。

不可否認的是，如果家長有能力，可以進行相關的輔導更好。其實，如果家長和孩子的關係融洽，對性方面的知識掌握也很好，家長才是孩子真正的心理諮商師！家庭性教育依然有重要的作用。所以，希望更多家長能與時俱進，學習有關性教育的知識和方法，促進孩子身心健康成長。

心理諮商是指運用心理學的方法，對心理適應等方面出現問題並祈求解決問題的求助者提供心理援助的過程。需要

解決問題並前來尋求幫助的人稱為求助者，提供幫助的人員為心理諮商師、心理治療師或心理醫生。其中心理醫生和心理治療師有處方權，即可以開藥，而心理諮商師沒有處方權。

心理危機干預是指對處於心理危機狀態的個人及時給予適當的心理援助，使之盡快擺脫困難。也就是說是當事人或者求助者，存在一定的心理問題，在這種心理還沒有給自己和他人，造成嚴重的影響的時候，採取的一些緩解和治療的措施。如女性遭遇性侵這一災難性的事件即心理危機，如果受害者自身無法克服這一困難，已經出現心理問題，就需要對其進行心理危機干預。

心理治療是心理治療師對求助者的心理與行為問題進行矯治的過程。有定義為：心理治療是用心理學理論和方法對人格障礙、心理疾患的治療。

要打破只有有了心理問題，才需要進行心理諮商的思想。其實，心理諮商多數情況下，針對的是正常人群。因為人在一生中，總會遇到一些自己無法解脫的心結或煩惱，畢竟每個人的經歷和受教育程度不同。在一些常人覺得難以處理的問題，或無法越過的一些坎坷，如果尋求專業心理諮商師的幫助，他們因為經驗豐富，會提供更多的選擇。他們會和求助者一起分析後，提出多種選擇，最後確定更有效處理問題的方法，協助求助者一起解決煩惱或困惑。

有些人，在發生了一些特殊的事件後，產生一定的精神疾病；有些人存在人格障礙，但是他們不知道也不承認，更不會主動進行心理諮商或治療。所以在以後的生活中，這些人會因此，出現更多的煩惱和痛苦。如果不及時進行心理諮商或心理治療，他們可能會出現更加嚴重的心理疾病。通常，以下的群體一般需要進行心理諮商。

1. 有性暴力傾向的男性

主要針對男性，由於性壓抑得不到滿足，或由於自身的性格因素，他們總渴望透過性暴力的方式，滿足自己性的好奇和需要。其中一些人可以透過心理諮商獲得改變和矯正，尤其是未成年人。透過心理諮商或心理治療，能緩解他們的性壓力，學會用恰當的方式釋放能量和管理自己的能量，增強自制力，不做違背女性意願的事。這既是保護女性，也是對他們自己的保護，因為一旦做出性侵女性的事，他們也將面臨牢獄之災，家庭也因此面臨崩潰。

2. 受性暴力傷害的女性

主要針對的是女性，由於被性侵之後，她們將面臨很多的社會問題和壓力。長時間得不到疏導，她們將心情憂鬱，久而久之可能演變為嚴重的心理障礙。這些人中的絕大多數人，透過心理諮商可以被療癒。

包括對未成年人、高中生、大學生、已婚女性的性侵等等，嚴格來說，只要是遭遇性侵的女性，都在心理諮商的範圍。只是有些人，如果感覺受傷害程度較淺的，可以不必去諮商，但對於很多女性而言，主動尋求心理諮商師的幫助，對她們修復心靈創傷，進行心理療癒是非常必要的。

3. 受性傷害的男性

女性利用自己的優勢地位，性騷擾和誘姦男性的事件，也時有發生。一名高三優秀的男生，高大帥氣，也很斯文。他的語文成績特別好，受到語文老師的特別關注。老師經常邀請他去宿舍一起吃飯。此後這個男生從語文老師宿舍跳樓自殺，摔斷了腿。原來語文老師失戀後，經常和他發生性關係。之後語文老師的前男友重新追求她，語文老師和前男友和好後，提出與這個男生分開。男生無法接受，以自殺威脅老師，但老師不予理睬，最終他從老師的宿舍跳樓。最終，這個學生沒有走進學測的考場，因摔斷了腿成為殘障人士。

另也有幼年遭遇男性性侵害的。我諮商過一個小學四年級被初三男生性侵的，這個男生因父母離異，小學住校期間遭遇住同一所學校的另一名國中生性侵。直到國中畢業他才來我這裡諮商。他擔心自己是同性戀，而且這個壓抑的祕密，讓他一直生活在痛苦之中。因此，這些人都是需要進行心理諮商的對象。

第六節
獨一無二的自己，活出精采人生

為什麼那麼多的女性，被性暴力傷害後，卻會繼續遭受社會的歧視，不敢報案，不敢求助，卻一直忍受痛苦和折磨呢？根本原因是社會的主流價值觀導致她們不敢捍衛自己的正當權益。

社會在逐漸開放，人性也越來越被尊重，但性人權、性平等權、接受性教育的權利卻沒有得到應有的尊重。社會在進步，文明程度也在提高，但那些早已證明是過時的、不正確的理念卻依然大行其道，那些不合時宜的傳統文化依然影響我們的生活，如貞操觀。因此，如果女生能夠分辨哪些是社會強加給自己的精神桎梏，那麼可以避免受到它的嚴重傷害。但依然有很多女性受傳統文化的制約和影響，總認為遭遇性侵害是自己的錯誤。自己不是處女，就低人一等，不配嫁給優秀的男人。即使和優秀的男人戀愛、結婚，還是認為自己虧欠對方的，對不起對方。這種思想將導致在婚姻生活中，無法以平等的人提出合理的要求，這也必然會影響女性的價值觀和幸福，最終，可能傷害自己，也毀了自己的家庭。

因此正如一些性學家提倡的，處女膜是我自己的，怎麼

使用也是我的權利，為什麼要由男人診斷我的貞操呢？性人權、性平等權決定女人有權使用自己的身體，而不是由丈夫或男友來決定女性是否貞潔。

　　每個女性都有擁有幸福生活的權利，去追求心中理想的生活，活出自己的精采！請堅信，遭遇性侵不是妳的錯！那些認為被性侵就是失去了貞操、不配追求優秀的男人都是過時的、不合適的、錯誤的甚至有害的觀念。只有妳堅信自己是優秀的，是值得人愛的，那麼請相信，即使遭遇性侵害，妳依然和男人是平等的；即使被強暴，妳還是和其他女性一樣，什麼也沒有失去，一樣可以擁有幸福的生活。因此，我希望遭遇性侵的女性擁有以下堅定的信念。

圖 7-6 遭遇性侵的女性需要擁有的信念

1. 男人和女人是平等的

一些遭遇性侵的女性，受傳統的一些錯誤思想影響很重，有些有很深的貞潔觀念。到了戀愛和結婚的年紀，特別是當她們和丈夫是初戀，並成為丈夫的第一任妻子的時候，她們會很感謝丈夫，覺得自己不是處女虧欠丈夫，認為丈夫不嫌棄她們，婚後應該竭盡全力回報丈夫，補償丈夫。

現代社會，很多人無法做到一次戀愛就成功，認可婚前性行為和同居的男女逐漸增多。如果不是道德敗壞，就不能因為自己有婚前性行為，而覺得比男人低一等。男人婚前性行為就是應該的，是值得驕傲的；女性就是可恥的，這是男女不平等的思想。

我們反對不負責任的性行為，但不能因為戀愛有過性行為或遭遇性侵就認為自己不值得男人愛。因為結婚後，和丈夫就是平等關係。只要女性在結婚以後，認真對待彼此的感情，做到忠誠、專一，就沒必要因過去而自卑，更不能看輕或貶低自己，否則會給以後的生活帶來更大的痛苦。

2. 真正的忠貞、忠誠是在婚後

在我的眼中，一個有德行的男人，需要的是女人婚後對感情的忠貞，而不是婚前是否發生性行為。如果你不愛自己的妻子，就不要和她結婚；結了婚就應該善待她。一個愛妻

子的好男人，不會那麼在意妻子是否是處女，也不會因此打
罵妻子，和妻子離婚。要相信，很多好男人，他們會因此更
加呵護、善待妻子。而那些不僅要占有妳的現在，還有占有
妳的過去的那些男人，其實是自私也非常自卑的男人。如果
不幸妳遇到了，而且對方就是在意妳不是處女，並不斷因此
折磨妳、打罵妳，那麼這種婚姻是否需要繼續維持，我認為
需要女性慎重考慮。

對於結了婚的人，凡事要有分寸。一個心理健康的人，
是善於拿捏生命中「分寸」的人。適度保留自己的隱私，
也是對他人的尊重。真誠並不是把一切都暴露給對方，真誠
也需要有限度。過度的真誠，會讓對方不舒服，那就是不真
誠了。並不是所有書本的觀點都是正確的，有些書甚至會傳
播一些錯誤的觀點，因此，每個人要有自己對婚姻忠誠的理
解，不要用一些錯誤的觀點指導自己的生活。

是否需要把所有過去的事情都告訴丈夫呢？我認為因人
而異。尤其是一些屬於自己的隱私，告訴太多，可能傷害到
彼此的感情，畢竟很多事情，說得太明白了，對雙方也是一
種傷害。有些女人認為，我對你忠誠、坦白，把所有不好的
過往都告訴你，怎麼處理就是你的事，反正我是真誠、坦率
的。原本兩人感情非常好，但丈夫知道太多後，特別是婚前
女性被性侵等隱私，丈夫聽了如鯁在喉，很不舒服，那麼也

許適度保守自己的隱私可能更好。

　　人的一生，都可能犯錯，要給自己和對方一個機會。當面對感情時，不要因過去的傷害或錯誤折磨自己，不要為打翻的牛奶而耿耿於懷，不要用你過去的經歷一直懲罰自己，甚至影響一生。男女雙方，只要彼此在一起交往後，能對對方負責，互相忠誠，彼此就是平等的，就是忠貞和忠誠的，而對於兩人戀愛前發生的往事，是屬於各自的隱私，有權適度保守祕密。

3. 找到自己的心靈成長之路

　　每個人都有適合自己的心靈成長之路，它們雖然具有很多共性，但往往更是屬於自己的，不可替代的，只有自己可以體會和領悟的。有時候，讓別人理解自己是很難的，那不妨就在心理放下自己的糾結和傷痛，不去刻意讓他人理解自己，反而顯得更加從容和心安。

　　在最初做諮商師的時候，我經常攪合進了求助者的情感中，不能自拔。後來才知道，這是心理學中反移情的作用。因為從事心理諮商的志願者服務，我經常接觸到被性侵的求助者，特別是 16 歲以下的女生，她們讓我特別關注和擔憂。

　　當我覺察到自己的反移情之後，我開始改變狀態。我會慢慢平靜下來，與求助者探討她的問題。在諮商過程中，我

學會了探索自己內心的世界，學會辨別並注意到反移情的作用，從而調整自己潛意識中的情感需要，做到不對求助者的諮商產生不良影響。

我為什麼成為諮商師？一本書中寫到：「做一名諮商師並不是偶爾的選擇，幫助別人的動機來自我們管理別人並且治療自己的綜合需要。」記得剛從事心理諮商的時候，很多人對心理諮商師有偏見，認為這些心理諮商師都是有心理問題的人。我不反對這種觀念，的確是久病成醫。有一些心理諮商師，他們遇到了這樣或那樣的心理問題和困惑，最後他們治癒了自己。之後，他們用自己的經歷和感悟，去幫助有同樣經歷或痛苦的人，我認為這未嘗不是一件好事。

於是，我將廣告詞：「我們都是有故事的人」改成了「我們都是患病的人」。我們都在尋求自我療癒和自我成長的方法，探索原生家庭對自己的影響，促進對自我的了解和覺察，在這個過程中也促進了自我成長。所以，一些心理諮商師在幫助別人的過程中，最終幫助和成就了自己，這也許就是心理諮商師最大的收穫。

4. 堅強樂觀，活出生命的意義

當樹木被破壞後，會形成一個硬塊也就是樹木結疤的地方，雖然比其他的地方難看，但這是這棵樹最堅硬、最有力

的地方。它們可靠地支撐著整棵樹繼續成長，往高空發展。有些傷痛就如手術後留下的傷疤或樹受傷後留下結疤，雖然無法恢復到從前模樣，但堅硬無比。所以我堅信，每個人在經歷挫折後，只要努力，都可以變得更加堅強和有力量。我們也可以努力尋找各種勵志書籍和人物故事，以此激勵自我的成長。

夏紅霞曾是一個知名人物，但退休後不小心誤入詐騙性質的工作，最終被抓到看守所。在等待開庭的日子裡，她由最初的悲觀甚至想自殺，到最後決定為了親人要好好地活著出來。在狹小的房間，最多時竟然住 26 個人。剛進去的人睡在最裡面，靠近廁所。那也不是真正意義上的廁所，就是一個蹲廁和一個洗手盆，和床鋪之間用一塊布簾隔開的地方。她剛進去時，因為床位不夠，睡在地上，靠近廁所。要想想，夏紅霞已經 60 多歲，家境也不錯。剛到這樣的環境，她想不開，真想死了算了。但她很快調整好自己，期待早日出去，但一定要健健康康走出去。

所以，她調整心態。晚上休息時，她開始做最簡單的運動，站在原地雙腿曲著、雙手用力盡量往後甩。坐著的時候，她就敲打雙腿兩側的經絡。她每晚堅持這樣做兩個多小時，因為在看守所，住的一間和做手工的一間房是連著的，中間只有一個門廊，而且不能外出，最多只能坐在門口看看

外面。所以，只要方便，她就盡量坐在門口眺望外面。後期，她的床位慢慢挪到靠近門口，她的心情也好了很多。和同住一室被關押的女人也熟悉了，她過去是舞者，就經常在床上跳舞給大家看，還教大家跳舞。一年後，她回家了，她由原來的 65 公斤瘦到不到 50 公斤，體檢後，原本的高血壓、糖尿病、頭暈等都消失了，身體反而恢復了健康。醫生說，她這身體比 50 歲的還好。

夏紅霞的改變就是在看守所一個小小的房間，她也能尋找到為了家人健康地活下去的信念和意義，所以她能很快調整自己，學會了換一個角度思考問題。她的心情也因此發生改變。所以，遭遇不幸或意外時，要善於換一個角度看問題，也許就能豁然開朗了。

很有意思的是，我買過一個廁所用的不鏽鋼捲紙筒，一直以來都認為買錯了，因為拉衛生紙的時候要用很大的力，還拉不動，直到把衛生紙拿出來，不再放裡面了，很後悔買錯了。直到一年後的一天，我無意中把衛生紙換了一方向，結果拉起來非常輕鬆省力，這才發現原來是自己把衛生紙放的方向搞錯了，而不是捲紙筒的設計出了問題。這讓我很感慨。人生也是如此，如果換一個方向，換一個角度看問題，你也許會把痛苦當成是成就自己的一筆財富。我如今就是這樣看待困難和不幸。

　　不幸最終造就了不一樣的我們，經過努力，我們才會擁有如此豐富的人生。我用自己的人生經歷，鼓舞遇到同樣不幸的女人，讓她們也能夠活出精采的人生！這也許就是我們遭遇性侵、家暴、婚姻不幸的全部價值與生命意義。

　　我們要相信，上帝所給妳的，都不會超過妳所能承受的。但願，不管幼年、青少年還是成年之後，遭遇性侵的女性，都能秉持著生命的恩賜，找到屬於自己的心靈成長和療癒之路，努力活出自己生命的意義！

電子書購買　爽讀 APP

國家圖書館出版品預行編目資料

女性的自衛和心理復原，從自我保護到心靈解放：
打破沉默、勇敢面對、活出真我，來自諮商師的
溫暖提醒 / 曾麗華 著 . -- 第一版 . -- 臺北市：崧
燁文化事業有限公司 , 2024.03
面；　公分
POD 版
ISBN 978-626-394-068-0(平裝)
1.CST: 女性 2.CST: 心理治療 3.CST: 安全教育
178.8　　 113002143

女性的自衛和心理復原，從自我保護到心靈解放：打破沉默、勇敢面對、活出真我，來自諮商師的溫暖提醒

臉書

作　　者：曾麗華
發 行 人：黃振庭
出 版 者：崧燁文化事業有限公司
發 行 者：崧燁文化事業有限公司
E - m a i l：sonbookservice@gmail.com
粉 絲 頁：https://www.facebook.com/sonbookss/
網　　址：https://sonbook.net/
地　　址：台北市中正區重慶南路一段六十一號八樓 815 室
Rm. 815, 8F., No.61, Sec. 1, Chongqing S. Rd., Zhongzheng Dist., Taipei City 100,
Taiwan
電　　話：(02) 2370-3310　　傳　　真：(02) 2388-1990
印　　刷：京峯數位服務有限公司
律師顧問：廣華律師事務所 張珮琦律師

定　　價：375 元
發行日期：2024 年 03 月第一版
◎本書以 POD 印製